... **Títulos relacionados**

SSCM0108 LIMPIEZA DE SUPERFICIES Y MOBILIARIO EN EDIFICIOS Y LOCALES

[DISPONIBLE CERTIFICADO COMPLETO]

Solicítalos en:
- Librería
- www.paraninfo.es
- Solicitudes nacionales +34 914 463 350
- Solicitudes fuera de España +34 913 308 907, +34 913 308 919

Técnicas y procedimientos de limpieza con utilización de maquinaria MF1088_1

Rosa Mary Pimentel García

© 2025 Ediciones Paraninfo, S. A.
© 2025 Rosa Mary Pimentel García

Edición y maquetación: Ediciones Nobel, S. A.

Impresión: Liberdigital (Casarrubuelos, Madrid)
ISBN: 978-84-283-7198-8
Depósito legal: M-21948-2025

Impreso en España

Rosa Mary Pimentel García es técnico superior en Alojamientos y técnico superior en Administración. Además de su experiencia laboral como gobernanta desde hace más de 20 años, se ha dedicado a la docencia dentro de las familias profesionales de Hosteleria y Turismo, y de Servicios Socioculturales y a la Comunidad. Siempre enfocada al departamento de limpieza.

Por otra parte, a lo largo de estos años ha realizado consultorías e impartido formación específica dirigida a trabajadores en sus centros de trabajo, relacionados con la atención al cliente, gestión y organización del trabajo y técnicas específicas de limpieza.

Índice

Introducción normativa

La Ley Orgánica 3/2022, de 31 de marzo, de ordenación e integración de la Formación Profesional, contiene una disposición derogatoria única que afecta a la regulación de los Certificados de Profesionalidad, ahora denominados **Certificados Profesionales.** La referida normativa deroga la Ley Orgánica 5/2002, de 19 de junio, de las Cualificaciones y de la Formación Profesional, y abre un escenario de cambios que se irán implementando progresivamente.

La Ley Orgánica 3/2022, de 31 de marzo, de ordenación e integración de la Formación Profesional, implica que toda la formación es acumulable. La oferta formativa se estructura de forma escalonada, siendo los Certificados Profesionales un nivel intermedio (Grado C) de una escala que va desde el Grado A hasta el E.

En los artículos 35 a 38 de la Ley 3/2022 se describe en qué consisten estos Certificados Profesionales: su oferta, formación asociada, estructura, duración, acceso, titulación y validez. Posteriormente, esta normativa se completa con lo dispuesto en el Real Decreto 659/2023, de 18 de julio, que desarrolla la ordenación del sistema de Formación Profesional. Concretamente en los artículos 67 a 81 es donde se hace referencia a la oferta formativa de Grado C, correspondiente a los Certificados Profesionales.

Están agrupados en 26 familias profesionales con características comunes del sector. En la actualidad hay más de medio millar de Certificados Profesionales incluidos en el Repertorio Nacional. Esta cifra no deja de crecer. Además, cada certificado está específicamente regulado por un real decreto.

Un Certificado Profesional corresponde al Grado C de la oferta del Sistema de Formación Profesional. Es un documento oficial, con validez en todo el territorio nacional y debe constar en el Catálogo Nacional de Ofertas de Formación Profesional, que certifica la capacitación para el desarrollo de una actividad profesional.

Debe detallar los módulos profesionales superados y los estándares de competencia profesional asociados a él e incluidos en el **Catálogo Nacional de Estándares de Competencias Profesionales**, así como su correspondencia con el Marco Español de Cualificaciones.

Despliegan su validez en un doble ámbito, laboral y académico:

- En el contexto laboral tienen validez profesional, porque acreditan las competencias en una determinada profesión. Para poder trabajar en algunas profesiones, se exigen determinadas cualificaciones, y los certificados sirven para acreditarlas.

- Asimismo, tienen validez académica, puesto que permiten continuar un itinerario formativo siempre que se cumplan los requisitos de acceso para cursar la titulación deseada. De tal modo que, los Certificados Profesionales que sean parte de un Grado D permitirán la matrícula modular para completar los módulos establecidos en el currículo y obtener el correspondiente título de técnico básico, técnico o técnico superior con validez en todo el territorio nacional.

Para obtener un Certificado Profesional (Grado C) es preciso cumplir con los requisitos de acceso para realizar la formación.

Estructura de los Certificados Profesionales

  I. Identificación: denominación, familia y área profesional a la que pertenecen; nivel de Cualificación Profesional (1, 2 o 3); Cualificación Profesional de referencia; entorno profesional y módulos formativos que esté previsto cursar junto con la duración de cada uno de ellos.

 II. Perfil profesional: incluye las competencias profesionales requeridas en el mercado laboral. En todas ellas se concretan las realizaciones profesionales y los criterios de realización.

III. Formación: describe los módulos formativos que esté previsto cursar para adquirir las competencias requeridas. En cada uno de ellos se indican las capacidades que se pretende alcanzar y la duración del módulo de prácticas no laborales —PNL—, para el que cabe solicitar exención si se cumplen determinados requisitos.

IV. Prescripciones de las personas formadoras.

 V. Requisitos mínimos de espacios, instalaciones y equipamiento.

Los Certificados Profesionales se identifican con una denominación concreta y un código alfanumérico propio, y sirven para acreditar una determinada Cualificación Profesional. Cada certificado está asociado a una relación de unidades de competencia que, a su vez, se vinculan con una serie de módulos formativos específicos. Algunos módulos están integrados por unidades formativas y tanto unos como otras son, en ocasiones, transversales, lo que significa que se trata de contenidos incluidos en más de un Certificado Profesional.

Los Certificados Profesionales se articulan en tres niveles de competencia profesional (1, 2 y 3) conforme a lo dispuesto en el que será el Catálogo Nacional de Estándares de Competencias Profesionales, anteriormente Catálogo Nacional de Cualificaciones Profesionales (CNCP), según los criterios establecidos de conocimientos, iniciativa, autonomía y complejidad de las tareas, en cada una de las ofertas de Formación Profesional.

La oferta formativa dirigida a la obtención de los Certificados Profesionales tiene carácter modular para favorecer la acreditación parcial acumulable de la formación recibida y posibilitar así el avance en el itinerario de Formación Profesional para cualquiera que sea la situación laboral de cada persona en cada momento.

En definitiva, el Grado C constituye la oferta, parcial y acumulable, del sistema de Formación Profesional, de varios módulos profesionales del catálogo modular de Formación Profesional por razón de su significado en el mercado laboral y conducente a la obtención de un Certificado Profesional.

Las ofertas de Grado C de Formación Profesional tendrán por objeto módulos profesionales incluidos previamente en el catálogo modular de formación profesional y asociados al Catálogo Nacional de Estándares de Competencias Profesionales.

Finalidad de los Certificados Profesionales

- Contribuir a la ordenación de un Sistema de Formación Profesional al servicio de un régimen de formación y acompañamiento profesionales que sea capaz de responder con flexibilidad a los intereses, expectativas y aspiraciones de Cualificación Profesional de las personas a lo largo de su vida.

- Combinar escuela y empresa situando a la persona en el centro del sistema.

- Facilitar el aprendizaje permanente de toda la ciudadanía mediante una formación abierta, flexible y accesible, estructurada de forma modular, a través de la oferta formativa asociada al certificado.

- Acreditar las cualificaciones profesionales o las unidades de competencia recogidas en estas, independientemente de su vía de adquisición, bien sea través de la vía formativa, o mediante la experiencia laboral o vías no formales de formación.

- Favorecer, tanto a nivel nacional como europeo, la transparencia del mercado de trabajo.

- Contribuir a la calidad de la oferta de Formación Profesional.

Este libro

El presente libro desarrolla el módulo formativo denominado *Técnicas y procedimientos de limpieza con utilización de maquinaria,* MF1088_1.

Dicho módulo formativo está asociado a la unidad de competencia UC1088_1, perteneciente a la Cualificación Profesional de referencia SSC319_1, de nivel 1, incluida en el Certificado Profesional denominado (SSCM0108) *Limpieza de superficies y mobiliario en edificios y locales,* dentro de la familia profesional Servicios Socioculturales y a la Comunidad.

Según el Real Decreto 1378/2009, de 28 de agosto, los contenidos que en esta obra se recogen se corresponden con una duración de 60 horas.

Tanto la estructura como el desarrollo del libro se ajustan al citado real decreto y más concretamente a los contenidos del módulo formativo que le da título *Técnicas y procedimientos de limpieza con utilización de maquinaria,* MF1088_1.

Contenido

1. **Limpieza con máquinas: clasificación, componentes y mantenimiento**

   - Tipología de maquinaria, componentes eléctricos, mecánicos y resto de componentes

   - Técnicas de mantenimiento con maquinaria:

     — Mantenimiento, interpretación de planes de mantenimiento preventivo y correctivo

     — Almacenaje de la diferente maquinaria

     — Interpretación de fichas técnicas y señalizaciones de la maquinaria

2. **Utilización de productos de limpieza: Identificación, propiedades y almacenamiento**

   - Concepto de suciedad, limpieza, desinfección e higiene: tipo de suciedad

   - Clasificación de los pavimentos

   - Utilización de productos para máquinas en función de la suciedad: etiquetaje, almacenamiento y dosificación:

     — Tipología de los productos de limpieza y criterios para su dosificación adecuada

     — Criterios para la utilización y dosificación de productos de limpieza con máquina

- Riesgos para la salud derivados de la manipulación de productos de limpieza:

  — Formas de actuación frente a posibles casos de toxicidad

  — Repercusiones medioambientales. Buenas prácticas medioambientales

3. Procesos de limpieza con maquinaria

- Organización del trabajo:

  — Preparación del entorno y mantenimiento del orden

  — Interpretación y ejecución de las instrucciones recibidas

- Técnicas de limpieza con maquinaria. Normas de ejecución y secuenciación en los tratamientos:

  — Tratamientos específicos de limpieza con maquinaria

  — Ejecución de los diferentes tratamientos, secuenciación de actividades

  — Verificación de los tratamientos ejecutados

- Selección, utilización y conservación de útiles, herramientas y accesorios:

  — Identificación, selección, uso y conservación de herramientas y accesorios

4. Prevención de riesgos laborales en el uso de máquinas. Medidas relacionadas con la seguridad y salud de los trabajadores

- Riesgos inherentes a las actividades propias de limpieza:

  — Riesgos relacionados con el centro de trabajo donde se desarrollen la actividad de limpieza

- Riesgos específicos en el trabajo con máquinas. Condiciones mínimas de seguridad ante la presencia de personas en el entorno:

  — Identificación y uso de los equipos de protección individual

- Buenas prácticas medioambientales

Nota del editor

En Ediciones Paraninfo estamos comprometidos con la calidad de la formación e intentamos que nuestros materiales, respondan fielmente y con rigor a las necesidades de todos cuantos confían en nuestro sello editorial.

Tratamos de dar respuesta a los currículos de las unidades formativas y de los módulos que integran los distintos Certificados Profesionales, equilibrando la parte teórica con la práctica para que los procesos de aprendizaje se conviertan en experiencias gratificantes tanto para docentes como para las personas inmersas en los procesos formativos.

Contribuir de forma decisiva a afianzar aprendizajes, ayudar a adquirir destrezas que tengan significado para el empleo y conseguir potenciar el desarrollo personal es nuestra mayor satisfacción como editores.

Para lograrlo contamos con excelentes autores, expertos en las materias que abordan, en la mayoría de los casos docentes de dichas especialidades con dilatada experiencia profesional y académica, porque buscamos perfiles familiarizados con los contextos laborales concretos a los que se refieren nuestros manuales.

Confiamos en poder serte de ayuda y esperamos tus impresiones acerca de nuestro trabajo. Sean positivas o negativas, serán muy bien recibidas y, sin duda, nos ayudarán a seguir mejorando y trabajando con ilusión para continuar siendo un referente en formación para el empleo.

Agradecemos tu confianza en nuestros manuales. Todo nuestro equipo queda a tu total disposición. Puedes contactar con nosotros en esta dirección de correo electrónico: info@paraninfo.es.

1. Limpieza con máquinas: clasificación, componentes y mantenimiento

Contenido

Objetivos

Identificar máquinas, accesorios y útiles de limpieza, reconociendo sus funciones.

Describir las tareas de revisión de las máquinas de limpieza para garantizar su funcionamiento.

Determinar los procesos de aplicación y los riesgos específicos provenientes del uso de cada máquina.

El sector de la limpieza ha experimentado en los últimos años un avance significativo, si bien las primeras máquinas para la limpieza datan de principios del siglo pasado, hoy en día es muy importante conocer las nuevas tecnologías que proporcionan máquinas a las empresas para mejorar el rendimiento del trabajador y aportar una mayor eficiencia a los resultados esperados. El operario ha de conocer los componentes mecánicos y eléctricos de la diferente maquinaria, con el fin de que esta sea utilizada siguiendo las normas de actuación adecuadas para que la máquina funcione correctamente, y su vida útil no se acorte debido al desconocimiento de sus componentes. Es de suma importancia tener siempre disponible el manual de instrucciones para hacer un uso correcto de la maquinaria, leer este manual con detenimiento y comprobar que todos sus componentes están acordes a las instrucciones dadas, y en caso de que se observara alguna anomalía actuar siguiendo el protocolo establecido y avisar al personal encargado de su mantenimiento.

El avance tecnológico ha facilitado la realización de las tareas de limpieza, tanto en la eficacia a la hora de eliminar la suciedad como en lo referente a la ergonomía, concibiendo y desarrollando equipos de limpieza que se adaptan al operario.

En el siguiente capítulo conoceremos cuáles son las principales máquinas utilizadas en la limpieza, así como sus características, la elección de la más adecuada para un determinado tipo de limpieza y las normas de prevención de riesgos laborales.

1.1. Tipología de maquinaria, componentes eléctricos, mecánicos y resto de componentes

Barredoras. Son máquinas diseñadas para barrer sólidos en medianas superficies que oscilan entre los 600 y los 2000 metros cuadrados, dependiendo del tamaño de la barredora. Estas máquinas permiten limpiar en superficies exteriores como aparcamientos o patios, también se diseñan para su uso en interiores y para la limpieza de moquetas. Proporcionan un ahorro de tiempo y trabajo, ya que, en dimensiones tan grandes, los operarios tendrían que destinar mucho más tiempo y esfuerzo. La productividad con este tipo de máquinas supera seis veces la limpieza tradicional.

Las barredoras están disponibles con motores de corriente continua con baterías y motores de gasolina. Según el uso al que las vayamos a destinar será aconsejable uno u otro.

Para grandes superficies alfombradas tiene un excelente resultado, siempre y cuando los cepillos principales sean blandos.

El aparato solo debe ser utilizado por personas que hayan sido instruidas en el manejo y a las que se les haya encargado expresamente su utilización.

Fregadoras. Están compuestas por una máquina fregadora y una aspiradora de agua y polvo acoplada. Este tipo de máquina permite rendimientos muy elevados y están especialmente diseñadas para la limpieza de pasillos, vestíbulos de entrada, almacenes...

Tienen un tamaño de 43 cm a 120 cm de ancho y disponen de un depósito para el agua, donde el operario introduce el producto detergente que se dosifica solo.

Los cepillos desprenden la suciedad, un labio de goma en la parte posterior arrastra el agua y a través de una boquilla es aspirada y depositada aparte. Ofrecen gran capacidad de maniobra y simplicidad de funcionamiento.

Este tipo de máquinas funciona con baterías cargadas al suministro eléctrico y se utilizan en pavimentos de piedra, baldosas, cemento, mármol, goma, vinilo, madera sellada, etcétera.

Las máquinas fregadoras pueden ser de hombre a pie, en las que el operario arrastra la máquina (que es accionada a través de un sensor en el timón); este tipo de fregadoras se utilizan en zonas más estrechas con menor margen de maniobra, como, por ejemplo, un *parking*/estacionamiento.

Las fregadoras de hombre a bordo son más voluminosas y el operario conduce la máquina, poniéndola en marcha a través de un arranque con llave, disponen de pedal para freno y aceleración, y se dirige con un volante, lo que facilita su maniobra.

- Para cualquiera de los casos cada máquina precisará unos materiales y productos específicamente pensados para ellas, por lo que es fundamental conocer esas especificaciones en función de las tareas que se van a realizar y de la elección adecuada dependerá el resultado. Debemos tener en cuenta una serie de factores:

  — El lugar donde se pretende emplear la máquina (interior o exterior).

  — El trabajo que se va a realizar.

  — La naturaleza de la superficie que se debe limpiar.

Estas recomendaciones se pueden aplicar para cualquier tipo de máquina, ya que han de ser utilizadas correctamente, para lo cual debemos tener siempre los manuales correspondientes.

- En la primera carga, cargar las baterías hasta que la pantalla indique que está completa.

- El operario debe utilizar el aparato conforme a las instrucciones. Durante la realización de las tareas, debe tener en cuenta las condiciones locales y evitar causar daños a terceras personas.

- Se añade primero el agua al depósito y, a continuación, el detergente, ya que al revés haría mucha espuma.

- Hay modelos con dispositivos de dosificación, en ese caso:

  — Un dispositivo dosificador añadirá detergente al agua.

  — Poner la botella con detergente, desenroscar la tapa del frasco e introducir el tubo de absorción del dispositivo.

Rotativas. Son máquinas indispensables en la limpieza y mantenimiento de suelos. Se utilizan para labores de fregado, encerado, abrillantado, pulido, decapado y cristalizado de suelos.

La rotativa realiza prácticamente todo tipo de trabajos en los pavimentos, para lo cual se dispondrá del *pad* o disco rotatorio en función de la utilidad. En los siguientes capítulos veremos con más detenimiento cada técnica concreta.

Sirven para la limpieza profesional tanto en suelos húmedos como secos, así como para reparación de los mismos. Realizan su acción sobre el suelo con un disco giratorio accionado por un motor en el que se coloca un plato de arrastre.

Funciona mediante desplazamientos sobre el suelo mientras el plato de arrastre gira; es recomendable arrancar la máquina en posición de reposo, sin hacer contacto con el suelo, con las ruedas de traslación apoyadas y el timón en posición tumbada. De esta forma el eje queda en el aire.

Toda la superficie del plato hace contacto con el suelo. Solamente se necesita vencer la fuerza de fricción que el giro produce en el plato en sentido horario para mantener este en posición fija.

Es muy importante tener en cuenta que una ligera presión ejercida en el timón hacia abajo hace que la rotativa se desplace hacia la izquierda y la elevación del timón produce el basculado anterior del plato, lo que la desplaza hacia la derecha.

Según la técnica de mantenimiento o limpieza que vayamos a realizar dispondremos de un *pad* o disco diferente; normalmente estos se diferencian por su color y composición, así pues los discos rojos son utilizados para fregados más en profundidad, la lana de acero para pulido y abrillantado, los discos de mopa para la finalización de trabajos aportando brillo, discos de carborundo (carburo de silicio que se obtiene de arenas o cuarzo de alta pureza fusionados) para fregados más agresivos, discos más abrasivos para decapados, etc. Resumiendo, entre los accesorios más comunes de las rotativas monocepillo o monodisco, podemos destacar los siguientes:

- *Cepillos*: el tipo depende del trabajo que se quiera hacer con ellos.
- *Platos de arrastre*: se utilizan para sujetar los discos abrasivos.
- *Discos abrasivos*: formados por fibras sintéticas o metálicas, son aliados indispensables en la limpieza mecanizada de suelos. Pueden ser de distinta dureza y tamaño; para diferenciarlos, se elaboran en diferentes colores. Además de por el color y composición, también se distinguen por su diámetro, que está en función del tamaño de la máquina.

Para su transporte, fijaremos el mango en posición vertical apoyándonos en las ruedas para desplazarnos.

Para su puesta en funcionamiento, debemos enchufar la clavija de red a una toma de corriente. Ajustar el asa a la altura de trabajo y sujetarla con las dos manos.

- Mantener presionado el desbloqueo, pulsar el interruptor y el aparato arranca.
- Para interrumpir el funcionamiento, soltar el interruptor.

La persona que utiliza la rotativa deberá apoyar la máquina contra sí misma para poder dominarla perfectamente.

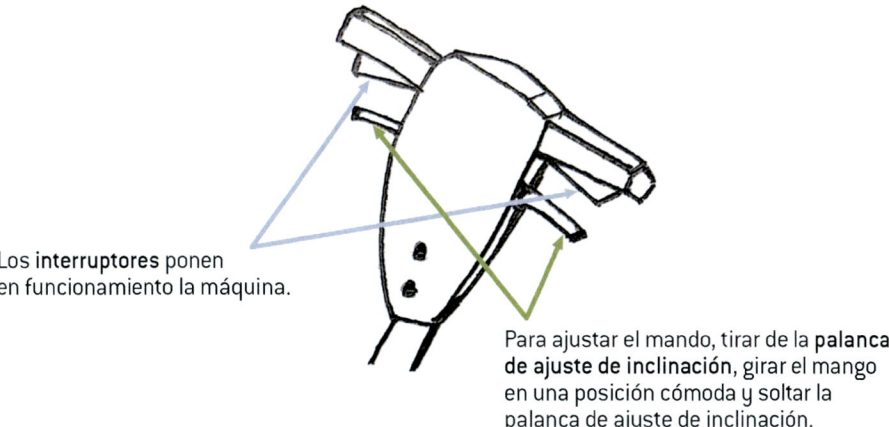

Los **interruptores** ponen en funcionamiento la máquina.

Para ajustar el mando, tirar de la **palanca de ajuste de inclinación**, girar el mango en una posición cómoda y soltar la palanca de ajuste de inclinación.

El giro del cepillo en sentido inverso a las agujas del reloj hace que la máquina se mueva lateralmente sin esfuerzo.

La persona que maneja la máquina podrá guiarla con un simple movimiento de la empuñadura hacia arriba o hacia abajo, partiendo de un punto de equilibrio en que la máquina está quieta en una posición perfectamente horizontal al suelo.

El cambio de posición o altura del timón deberá realizarse con la máquina parada y antes de enchufarla a la corriente, para evitar accidentes.

El desplazamiento, durante la realización del trabajo, se hará siempre hacia atrás, en dirección a la toma de corriente.

Después de su utilización, es importante realizar una limpieza de todos los elementos, y tras limpiarla, es también muy importante secarla cuidadosamente sobre todo en la zona donde se sujetan los discos o cepillos, porque en caso contrario corren el peligro de oxidarse.

Una vez que el plato está en movimiento y aplicando el producto directamente sobre la superficie, al levantar el timón a la posición de uso, se acoplará el plato sobre el disco que vayamos a utilizar, que previamente hemos situado en el suelo comenzando así el trabajo. Este método nos evitará sobreesfuerzos en el arranque de la máquina.

Cuando giramos el motor en sentido de las agujas del reloj, la máquina se desplaza con mayor facilidad hacia la derecha; si lo hacemos en la dirección contraria, se incrementa el rozamiento del disco sobre la superficie, lo que aumenta las prestaciones, ya que produce mayor abrasión contra el suelo.

No debemos olvidar que, durante la utilización de la rotativa, el cable de contacto deberá ir sobre nuestros hombros y detrás de nosotros, así evitaremos que el cable se enrolle en la máquina y sea atrapado por esta.

Aspiradoras. Constituyen un elemento fundamental en el trabajo cotidiano del personal de limpieza, eliminan el polvo en todo tipo de superficies y la limpieza resulta más profunda e higiénica, ya que el polvo no es transportado como ocurre con el barrido manual, sino que es absorbido.

Elementos de la aspiradora:

- Interruptor. Pone en marcha la máquina.

- Motor-ventilador. Pieza clave, gira el motor y mueve el ventilador.

- Tubo de aspiración. Los tubos, flexibles y rígidos, que conducen el polvo al saco-filtro.

- Carcasa. Parte o cubierta.

El filtro del polvo. Recoge la suciedad evitando que esta vaya al motor; permite la separación del polvo del aire, reteniendo las partículas de polvo y dejando pasar el aire limpio. Dispone de una empuñadura que permite extraerlo para su limpieza cuando las partículas de polvo adheridas al mismo reduzcan el caudal de aire que lo atraviesa.

En el mercado existe una gran variedad dependiendo del uso que se le quiera dar, desde aspiradoras clásicas domésticas, pasando por aspiradores de mochila, aspiradores verticales de cepillos para alfombras, a otros con mayor capacidad de almacenaje para uso en seco y mojado. La característica principal que se requiere para uso profesional es que dispongan de un gran poder de absorción, tanto a través de filtros como en el caso de aspiradores de polvo o el tamaño del depósito para agua cuando este sea el fin requerido.

Aspiradores de agua y polvo. Para la aspiración de polvo y pequeños residuos, agua en procesos de aclarado y derrame de líquidos o inundaciones por lluvias u otras causas.

La característica principal de este tipo de máquinas es que disponen de gran poder de aspiración tanto en polvo como en líquidos, llevando en su interior una turbina-motor que genera la **presión** durante su funcionamiento.

En el caso de absorción de agua, dispone de un deposito de recogida con soportes basculantes por pivotes laterales en bastidor, que permiten la separación o basculado del depósito para su vaciado, y brazo de tubo metálico con prolongación flexible que se conecta a la boca de aspiración del depósito, por un extremo, y, por el otro, la boquilla con labios de goma que succiona el agua.

Cuando adaptamos la máquina para absorción de polvo, se incorpora una bolsa contenedor en el interior de la cuba ajustada a la boca de succión formando una campana de filtración que protege la turbina de aspiración de polvo y materia aspirada, al mismo tiempo se ha de retirar el flotador que regula el nivel del líquido. El brazo con tubo metálico y su prolongación flexible es el mismo que en el caso de líquidos, con la diferencia de que en este caso se dispone de una boquilla de aspiración adaptada para polvo.

En la aspiradora para líquidos, el nivel de agua lo controla un sistema de flotador de boya que, al balancearse sobre el agua succionada, la desplaza de un extremo a otro produciendo un contacto cuya señal corta la alimentación, para el motor y cierra la válvula de succión. Entre el bloque inferior y superior se intercala un filtro de malla, que evita el paso de salpicaduras de agua al motor, este filtro puede ser de papel, algodón, nailon o espuma de goma. Una vez utilizada la máquina, según el caso, hemos de tener en cuenta que, finalizada la tarea de absorción de líquidos, el contenedor en su interior ha de ser secado perfectamente.

Cuando lo que se aspira es polvo, no es necesarias la cubeta, malla ni boya. El saco de polvo se introduce en el interior del contenedor inferior y su orificio de llenado se ajusta al extremo interior de la boca de aspiración.

Aspiradoras cepilladoras. Están compuestas por una boquilla provista de un cepillo cilíndrico segmentado, de un sistema de aspiración de uno o dos motores, de un timón, de ruedas y de un cable. Es empleada para la limpieza de alfombras, ya que, según la altura del pelo, las ruedas pueden ser reguladas y situar así la boquilla a la altura deseada.

El cepillo se encuentra dentro de la boquilla y su misión es penetrar en el pelo de la alfombra para soltar la suciedad adherida y llevarla a la superficie, todo esto se proyecta dentro de la boquilla que va aspirando instantáneamente. El aire que penetra en la boquilla se lleva la suciedad al saco de polvo. Este tipo de aspiradores está en desuso, ya que las nuevas aspiradoras que se encuentran en el mercado disponen de accesorios para la realización de estos trabajos de limpieza específicos.

Aspiradoras de mochila. Este tipo de aspiradoras se utiliza en lugares poco accesibles, aviones, patios de butacas, cortinas... Suelen ser silenciosas y están dotadas de un bastidor ergonómico que protege al usuario la zona de los hombros y la parte lumbar; el operario tiene una mano libre que le facilita la realización de tareas adicionales como la recogida de desperdicios. Son máquinas fáciles de usar y su peso no excede de los cuatro kilogramos. El aire es expulsado en dirección contraria al operario.

Tendremos en cuenta una serie de recomendaciones para utilizarla eficientemente:

- Estos aparatos pueden funcionar con bolsa de filtro de fieltro o bolsa de filtro de papel y también sin bolsa filtrante, comprobarlo en el manual de instrucciones del aparato.

- Colocaremos el aparato sobre la espalda y encajaremos el cierre ajustando el cinturón.

- Adaptaremos el aparato a nuestro cuerpo tirando de los tensores centrales, sin tirar demasiado, ya que la carga principal debe recaer sobre el cinturón de cadera, y ajustaremos los tensores de la espalda.

- Enchufamos a la red para poner el aparato en funcionamiento.

Ajustar la boquilla a la superficie dura o moqueta, llevando a cabo la limpieza.

Limpiadoras de alta presión. Diseñadas para limpieza de terrazas, saneamiento de canalones y multitud de aplicaciones profesionales. La eliminación de la suciedad depende en gran parte de la cercanía de la boquilla a la superficie: cuanta más presión se ejerza mejor se eliminarán las suciedades más incrustadas.

Este tipo de máquina limpiadora no precisa gran cantidad de agua, ya que multiplica la presión de la misma por veinticinco. La válvula de entrada está conectada a la manguera que suministra el agua; cuando encendemos la máquina, se acciona la bomba que presuriza el agua. Mientras el gatillo de la pistola no es accionado, el motor permanece apagado, y una vez accionado, sale por la boquilla el agua a presión.

La hidrolimpiadora lleva un recipiente para producto químico. Existen productos para todo tipo de aplicaciones: desengrasantes, desinfectantes, bactericidas, fungicidas, desincrustantes, jabones, etcétera.

En unos casos, una tubería de plástico conduce el producto químico de su depósito a la entrada de la bomba, y lo mezcla con el agua dando a la salida agua a presión con producto químico.

En otros casos, el producto químico se mezcla con el agua a la salida de la bomba con dos posiciones: hacia delante echan agua a presión y hacia atrás sale agua a baja presión, permitiendo de esta forma la aspiración de producto químico.

En el caso de que para la limpieza necesitáramos un producto químico muy agresivo o desconociéramos sus propiedades, habrá que aplicarlo sobre la superficie que se va a tratar con un rociador manual.

Las hidrolimpiadoras de agua caliente son más grandes, más pesadas y requieren más cuidados, pero su poder de limpieza es también muy superior, por la facilidad del agua caliente para disolver grasas, aceites y otro tipo de sustancias.

El calentamiento del agua tiene lugar a la salida de la bomba. El agua pasa por un serpentín que genera el calor mediante un quemador de gasoil.

Máquina de inyección-extracción. Este tipo de máquina es idóneo para la limpieza de suelos o revestimientos textiles. Este sistema tiene la habilidad de eliminar gran cantidad de suciedad, aunque el tiempo de secado es mayor. Lo que hace este tipo de maquinaria es, de manera simultánea, rociar una solución química con presión sobre el área que se va a tratar haciendo que el producto eleve la suciedad, la cual es inmediatamente enjuagada, a través de inyectores de agua caliente, y aspirada.

Después del lavado el tiempo de secado de la alfombra es estrictamente dependiente de la fuerza de aspiración.

El resultado de limpieza mejora por la acción mecánica de un cepillo giratorio cilíndrico, incluido en algunas máquinas de este tipo, que permite quitar la suciedad hasta la base de las fibras de la moqueta, garantizando una limpieza completa de cada fibra. Por otro lado, cuando la suciedad queda en la base de las fibras, esta emerge a la superficie de la moqueta al cabo de unos días después de la limpieza. Por tanto, la acción mecánica del cepillo es esencial para conseguir un resultado profesional.

En el limpiado de alfombras y tapicería el resultado puede mejorarse sensiblemente si se utiliza una solución caliente en lugar de una solución a la temperatura ambiente. Al aumentar la temperatura se consigue el mismo resultado, como si se limpiara dos veces. El sistema de calefacción instantánea que poseen algunos modelos del mercado permite obtener agua caliente de inmediato tras haber encendido la máquina o esperar hasta que toda la solución en el tanque se vuelva caliente.

Aspiradores de vapor. Los aspiradores de vapor combinan las ventajas del aspirado en seco con la limpieza en vapor, pueden recoger pequeños restos sólidos del pavimento, limpiarlo con vapor y, por último, secarlo.

Es posible aspirar en seco y con vapor utilizando el mismo filtro. Con el vapor caliente se consigue gran poder de limpieza e higiene. Se puede utilizar en cualquier tipo de superficie, tanto para la eliminación de cal como de grasas. Hay que tener en cuenta que, después de su utilización con detergentes, es necesario el aclarado para evitar la formación de aerosoles.

Antes de trabajar con cuero, telas especiales y superficies de madera leer siempre las instrucciones del fabricante y realizar una prueba en un lugar oculto o sobre una muestra (lo dejaremos secar para comprobar si ha habido variaciones de color o de forma).

Para limpiar elementos de madera, los fabricantes recomiendan proceder con sumo cuidado, ya que un tratamiento con vapor demasiado prolongado podría dañar el encerado, el brillo o el color de la superficie. Por tanto, es recomendable utilizar el vapor solo en breves intervalos o realizar la limpieza con un paño sometido previamente a una aplicación de vapor.

Limpiadoras de vapor. Diseñadas para la eliminación de suciedad por expulsión de vapor, no ocupan mucho espacio. En este tipo de máquina de limpieza no es necesario el uso de productos químicos, lo que supone una mayor higienización en la limpieza; se utiliza, además de fregado de suelos duros, para limpieza de cocinas, baños, ventanas... Y siempre empleando los accesorios recomendados por el fabricante para cada uso. Existen en el mercado limpiadoras de vapor con aspiración que ofrecen múltiples opciones de aplicación permitiendo vaporizar y aspirar el agua de condensación en una sola pasada, además de partículas sólidas derramadas.

Cuando utilicemos este tipo de maquinaria, debemos tener en cuenta una serie de recomendaciones generales:

- Antes de trabajar sobre una superficie, leer las instrucciones del fabricante y realizar una prueba en un lugar oculto o una muestra.

- Dejar secar la superficie tratada con vapor para comprobar si ha habido variaciones de color o de forma.

- Llenar el depósito de agua limpia.

- Preparar la solución de detergente.

- Llenar el depósito de detergente, montar los accesorios y seleccionar el modo tarea que se va a ejecutar.

- Para elementos de madera o superficies delicadas, proceder con cuidado, ya que un tratamiento con vapor demasiado prolongado podría dañar el encerado, el brillo o el color de la superficie.

- En limpieza de acero inoxidable, debemos evitar el uso de cepillos abrasivos.

1.2. Técnicas de mantenimiento con maquinaria

Para efectuar una limpieza óptima, es muy importante mantener la maquinaria en perfecto estado, siempre seguiremos las recomendaciones del fabricante al respecto, ya que cada máquina de limpieza tiene un mantenimiento distinto.

Nuestro cometido en el mantenimiento de la maquinaria de limpieza se limita a mantenerla en su estado original, tener siempre a mano y limpios los accesorios necesarios, comprobar cables, depósitos, enchufes, etc., en definitiva, siempre pendientes de cualquier anomalía que pueda suceder, dando parte de la misma para que esta sea reparada por el personal capacitado para ello, nunca intentaremos arreglar la máquina sin autorización de un supervisor.

1.2.1. Mantenimiento, interpretación de planes de mantenimiento preventivo y correctivo

El **mantenimiento preventivo** tiene como objetivo la conservación en condiciones óptimas de funcionamiento de los equipos e instalaciones, asegurando su rendimiento y prestaciones durante toda su vida útil y, consecuentemente, reduciendo las posibles averías y fallos provocados por el mal estado de los mismos.

No debería considerarse mantenimiento preventivo el mantenimiento correctivo, es decir, aquellas actuaciones que se realizan cuando la avería ya se ha producido.

Para prevenir o reducir el riesgo de posibles averías y fallos en la maquinaria de limpieza, se han de establecer procedimientos que examinen periódicamente las condiciones peligrosas que puedan presentar los equipos, funcionamiento, contexto del área de trabajo al que están destinados, etc. Estos sistemas nos sirven para actuar ante fallos previstos o situaciones de emergencia.

El uso diario y prolongado de las máquinas hacen que estas se desgasten y sus dispositivos se vean alterados, por lo que es indispensable incorporar dentro de las rutinas de trabajo un programa de **mantenimiento predictivo** acorde a cada equipo en particular.

El **mantenimiento predictivo** de los equipos está pensado para evitar averías y paros incontrolados que entrañen riesgos de accidente al usuario, así como las inspecciones periódicas y de seguridad que identifican aquellos fallos que pueden generar riesgos. En ambos casos se han de planificar estrategias comunes para desarrollar ambas actividades preventivas que optimizarán recursos y unificarán procedimientos.

Así pues, debemos tener en cuenta una serie de procedimientos desarrollados en diferentes marcos reglamentarios que regulan las condiciones de seguridad y salud en el trabajo, y que garantizan la conservación de las prestaciones de seguridad de la maquinaria a lo largo de su vida útil.

El Instituto Nacional de Seguridad e Higiene en el Trabajo (www.insht.es) tiene como objetivo establecer procedimientos para examinar periódicamente las condiciones de equipos que puedan ser susceptibles de generar riesgos, y asegurar su eliminación o minimización a través de controles periódicos.

Para elaborar y aplicar correctamente estos procedimientos, se han de tener en cuenta:

- Un análisis previo y planificaciones, definiendo la frecuencia, la cobertura y la ruta de la revisión. Elegir la persona adecuada para llevarlo a cabo. Disponer de la mayor información sobre las características técnicas del equipo. Elaborar un inventario de elementos que lleva la máquina, para realizar un mejor seguimiento. Elaborar listas de chequeo, que en la mayoría de ocasiones son los propios fabricantes los que las suministran, en todo caso veremos a continuación un ejemplo de una ficha tipo para la revisión de seguridad de equipos propuesta por el Instituto de Seguridad e Higiene en el Trabajo.

TARJETA DE REGISTRO DE PARTES CRÍTICAS DE MÁQUINAS Y EQUIPOS				
MÁQUINA/EQUIPO:		Código:		
UNIDAD FUNCIONAL:		FUNCIÓN:		
PERIODICIDAD:		UBICACIÓN:		
PARTES CRÍTICAS	CUESTIONES A REVISAR	REALIZADO SI	NO	FECHA PRÓXIMA REVISIÓN
1				
2				
3				
4				
...				
Fecha revisión:				
Responsable revisión:		Responsable Unidad funcional:		
Firma:		Firma:		

Barredoras y fregadoras de hombre a bordo

Medidas preventivas y correctoras:

- Las máquinas deberán estar provistas del marcado CE.

- La herramienta deberá mantenerse en buen estado de uso y limpia.

- Antes de iniciar la tarea, es recomendable que se comprueben los niveles de gasolina y de aceite del motor, el filtro de aire, etcétera.

- Siempre se deberá utilizar el combustible recomendado por el fabricante.

- El operario encargado de su manipulación deberá tener a su disposición el manual de instrucciones de seguridad proporcionado por el fabricante.

- La barredora-aspiradora se utilizará tan solo para estos fines, no deberá forzarse en otros trabajos para los que no está diseñada.

- Periódicamente se inspeccionará para evitar posibles defectos en la barredora-aspiradora, que puedan dar lugar a riesgos, en caso de avería deberá ser reparada en centros especializados.

- El operario encargado de manejar la barredora-aspiradora deberá conocer el manejo de la misma.

- Ante cualquier inspección, avería o simplemente durante las operaciones de mantenimiento, el motor de la barredora-aspiradora deberá estar parado.

- El mantenimiento se realizará acorde a las recomendaciones del fabricante.

- No se deberá abandonar la máquina con el motor en marcha.

- Al finalizar la jornada de trabajo, se deberá limpiar la máquina, comprobar el estado de la misma y de los elementos de seguridad, en caso de encontrar algún desperfecto se debe informar a quien corresponda.

- Para repostar el combustible de la máquina, se deberá realizar en un lugar ventilado, y está totalmente prohibido fumar durante esta operación.

- Para llenar el tanque de gasolina, se deberá parar el motor de la máquina y, además, es recomendable esperar a que se enfríe.

- Cuando la barredora-aspiradora es de conductor a pie, este deberá andar y no dejarse arrastrar por la máquina.

- Las máquinas con asiento solo deben ponerse en movimiento desde dicha posición.

- Para evitar un uso no autorizado, sacar siempre la llave de encendido.

- Los aparatos no deben permanecer jamás sin vigilar mientras el motor esté en marcha, el operario debe abandonar el equipo solo con el motor parado.

- Hay que tener una especial atención en revisarla periódicamente, y cambiar los filtros y cepillos para garantizar una mayor efectividad.

Un caso particular es el de las **fregadoras**, pues si producen espuma o se dan escapes de líquido, se deberá desconectar el aparato de inmediato.

- Ajustar los labios de secado mediante la rueda de ajuste para que estos toquen el suelo.

- No dejar las baterías descargadas, cargarlas de nuevo tan pronto como sea posible.

- Para evitar corrientes de fuga, mantener las baterías siempre limpias y secas. Proteger de suciedades.

Rotativas. Antes de poner la máquina en funcionamiento debemos tener en cuenta una serie de recomendaciones.

Medidas preventivas y correctoras:

- Leer siempre las instrucciones de manejo de la máquina.

- Utilizar la máquina de acuerdo con las instrucciones del fabricante.

- Antes de poner en marcha la máquina realizar un pequeño chequeo de seguridad:

  — Cables: comprobar su buen estado.

  — Plato de abrillantado: verificar que el plato tenga el tamaño adecuado para la máquina.

  — Discos abrasivos y lana de acero: asegurarse de que los *pads* o la lana de acero sean los convenientes para la tarea de limpieza que vaya a realizar y que estén limpios y en buenas condiciones.

- — Cepillos: si la tarea de limpieza requiere cepillos asegurarse de que estén limpios, en buenas condiciones y coincidan con los requisitos de la máquina.

- Utilizar únicamente los accesorios especificados por el fabricante.

- No guardar la máquina con su plato, porta *pads* o cepillo.

- Parar la máquina y desenchufarla si se daña el cable eléctrico.

- No forzar la máquina: desenchufarla y moverla hasta el enchufe más cercano.

- No tirar del cable para desenchufar la máquina.

- No pasar nunca la máquina sobre cables eléctricos.

- Utilizar ambas extremidades para manejar la máquina.

- Utilizar la máquina a la velocidad recomendada por el fabricante.

- En caso de tener que emplear un producto químico, leer la ficha de datos de seguridad antes de utilizarlo.

- Utilizar los equipos de protección individual recomendados, como gafas de protección, calzado de seguridad con suela antideslizante, protección respiratoria y, en su caso, protección auditiva.

Aspiradores. No debemos olvidar que, después de su uso, hay que limpiar bien las boquillas y recoger el cable correctamente, cada pieza ha de quedar limpia y recogida y debemos comprobar que el saco o filtro está en perfecto estado; si estuviera dañado o lleno hemos de cambiarlo, nunca dejaremos el trabajo para la persona que venga después de nosotros.

- Limpiar el aparato, accesorios y cable tras el uso con un paño húmedo.

- Vigilar siempre las boquillas, tubos y mangueras, ya que pueden obstruirse.

Limpiadoras de alta presión. Leer el manual de instrucciones antes de empezar a manejar la máquina.

Medidas preventivas:

- Antes de utilizar la máquina verificar su buen estado aparente, cables, mandos, manguera, etcétera.

- Utilizar los equipos de protección individual, entre otros: gafas, botas de agua con suela antideslizante y prendas impermeables.

- Al encender la máquina, asegurarse de que se tiene bien sujeta la lanza.

- Al encender la máquina, tener en cuenta que el chorro de agua a alta presión puede desplazarnos hacia atrás.

- No dirigir la lanza contra aparatos eléctricos.

- Antes de cualquier operación de mantenimiento, desconectar la máquina de la red eléctrica y cortar la alimentación de agua.

- No sacar las protecciones instaladas en la máquina y en los accesorios.

- No dejar la máquina en un desnivel que pueda provocar su marcha sin control.

- No dejar la máquina sin vigilancia.

- No dirigir el chorro de agua contra la máquina.

- No utilizar en condiciones meteorológicas adversas, ni bajo la lluvia.

- En caso de utilización de algún producto químico, leer la ficha de seguridad antes de su utilización y seguir las normas de uso, así como utilizar los equipos de protección individual recomendados.

- No poner la mano, o cualquier parte de su cuerpo en el chorro de agua que sale de la varilla de alta presión.

- Si el trabajador necesita utilizar una alargadera, comprobar que esta sea estanca al agua.

- No utilizar líquidos corrosivos o inflamables en la máquina.

- No tocar el enchufe con las manos mojadas.

- No pisar, presionar o tirar fuertemente del cable eléctrico o del cable de conexión.

- Mantener el cable fuera de fuentes de calor, combustible u objetos afilados o punzantes.

- No utilizar la máquina si se observa que la manguera de agua a alta presión está deteriorada (riesgo de explosión).

Limpiadoras a vapor. Leer siempre el manual de instrucciones de las máquinas, ya que las recomendaciones varían dependiendo de las características de las mismas.

- Después de utilizar este tipo de máquinas:
  — Vaciar los recipientes de agua y de detergente dejándolos secos y limpios.
  — Vaciar, limpiar y secar el recipiente de agua sucia.
  — Limpiar los accesorios.
  — Limpiar la carcasa por fuera y la suciedad visible.

Al limpiar acero inoxidable de debe evitar el uso de cepillos abrasivos y usar una boquilla de mano con racor de goma o boquilla de chorro concentrado sin cepillo redondo.

Sobre superficies lacadas o con revestimiento sintético, como puertas, parqué, etc., se puede soltar la cera, el producto tratante para muebles, los revestimientos de plástico o el color, o bien dejar manchas. Para limpiar estas superficies, aplicar vapor con un paño sobre la superficie.

- No llenar nunca el recipiente de agua fresca con agua destilada o detergente.

1.2.2. Almacenaje de la diferente maquinaria

Mantener el orden y la limpieza del lugar donde guardamos las máquinas y sus accesorios es fundamental para su conservación. El operario es el responsable de mantener en perfecto orden el lugar donde se han de guardar las máquinas y sus accesorios. Cada vez que se utiliza una máquina de limpieza, debemos volver a colocarla en el lugar destinado para ello; los accesorios que se necesiten para las labores de limpieza deben quedar perfectamente limpios después de su uso y posterior almacenamiento, esto evitará su deterioro; las boquillas deben estar limpias y secas, y los cepillos sin restos de suciedad. Todo ha de quedar ordenado, y tendremos especial cuidado con las piezas de recambio y pequeños accesorios; estos han de estar perfectamente identificados y relacionados con la máquina. Siempre guardaremos las recomendaciones del fabricante, ya que, en caso de daño o desperfecto en la máquina, nos resultará mucho más fácil identificarlo y dar parte del mismo.

Es clave el mantenimiento de todo el material en condición óptima, de modo que cuando alguien necesite utilizar algo lo encuentre listo para su uso. La limpieza del lugar donde almacenamos la maquinaria no debe considerarse como una tarea ocasional. Por supuesto que determinadas fechas o situaciones de proceso pueden considerarse y habilitarse como idóneas, pero la limpieza no debe realizarse solo en esas ocasiones, sino que debe estar incluida en los hábitos diarios de trabajo e integrada en las tareas diarias, combinando los puntos de chequeo de limpieza y mantenimiento. La planificación de la limpieza diaria debe formar parte de un procedimiento de actuación que los empleados deben conocer y aplicar.

1.2.3. Interpretación de fichas técnicas y señalizaciones de la maquinaria

La señalización de seguridad es una medida preventiva complementaria de otras, a las que no puede sustituir. Ella sola no existe como tal medida preventiva, sino que es el último eslabón de una cadena de actuaciones básicas preventivas que empiezan con la identificación y evaluación de riesgos. Los riesgos se evalúan ordenándolos según su importancia y planificando las correspondientes medidas preventivas. Para controlar estos riesgos, se pueden aplicar medidas técnicas de protección colectiva o medidas organizativas. Después de instruir y proteger a los trabajadores informando, proporcionando los equipos de protección individual y los procedimientos de trabajo se llega a la última etapa en la que se considera la señalización como medida preventiva complementaria de las anteriores.

Un proyecto de señalización debería empezar por definir el tipo, tamaño y material de las señales, distribuyéndolas en los lugares más visibles. Se pueden delimitar los lugares donde pueden ir los objetos móviles, así como las áreas propias alrededor de cada máquina.

El Real Decreto 485/1997, de 14 de abril, establece unas disposiciones mínimas en materia de señalización de seguridad y salud en el trabajo. En lo referente a maquinaria de limpieza, podemos destacar algunos apartados como la señalización (cuyas disposiciones fueron modificadas en el Real Decreto 598/2015, de 3 de julio) que aparece en la maquinaria con CE, por el que el fabricante declara que la máquina comercializada satisface todos los requisitos esenciales de seguridad y de salud correspondientes, incluyendo la señalización específica. Además, según los artículos 18 y 19 de LPRL, se ha de garantizar que los trabajadores reciban una formación e información adecuadas sobre los riesgos derivados de la utilización de equipos de trabajo, así como la utilización peligrosa o fuera de lo normal que puedan preverse. Esta información ha de ser comprensible y el trabajador debe tener en cuenta la necesidad de prestar atención a los riesgos derivados de los equipos de trabajo presentes en su entorno, aun cuando no los utilicen directamente.

Existen unas disposiciones mínimas de carácter general relativas a la señalización de seguridad y salud en el lugar de trabajo. La elección del tipo de señal y del número y emplazamiento de ellas se realizará de forma que la señalización resulte lo más eficaz posible. Debemos tener en cuenta, entre otros, los riesgos, los elementos o circunstancias que hayan que señalizarse, la extensión de la zona que se debe cubrir y el número de personas afectadas entre usuarios y trabajadores.

Las señalizaciones permanecerán el tiempo necesario de realización de la tarea y deben de conservarse en perfecto estado, siendo sustituidas inmediatamente en el caso de que eso no sucediera.

En todo caso y de forma general, existen varios tipos de señalizaciones para el lugar de trabajo.

- *Señales en forma de panel.* Son aquellas que, por la combinación de su forma geométrica, de colores y de un símbolo o pictograma, proporcionan una determinada información, cuya visibilidad está asegurada por una iluminación de suficiente intensidad. Al color de seguridad se atribuye una significación determinada en relación con la seguridad y salud en el trabajo, y el símbolo o pictograma alude a una situación concreta u obliga a un comportamiento determinado, utilizada sobre una señal en forma de panel o sobre una superficie luminosa.

  — Advertencia – prohibición – obligación – lucha contra incendios – salvamento o socorro.

- *Señales luminosas.* Una señal emitida por medio de un dispositivo formado por materiales transparentes o translúcidos, iluminados desde atrás o desde el interior, de tal manera que aparezca por sí misma como una superficie luminosa.

- *Señales acústicas.* Una señal sonora codificada, emitida y difundida por medio de un dispositivo apropiado, sin intervención de voz humana o sintética.

- *Comunicaciones verbales.* Un mensaje verbal predeterminado, en el que se utiliza voz humana o sintética.

- *Señales gestuales.* Un movimiento o disposición de los brazos o de las manos en forma codificada, para guiar a las personas que estén realizando maniobras que puedan constituir un riesgo o peligro para los trabajadores o usuarios.

En las guías técnicas de salud y seguridad en el trabajo y otras fuentes de información, encontraremos toda la legislación vigente, así como las actualizaciones necesarias. Debemos, por tanto, estar siempre informados de los posibles cambios referentes a señalizaciones de seguridad.

Autoevaluación

1. Las barredoras son máquinas diseñadas para... (elige la opción correcta).
   a. Limpiar de pasillos.
   b. Barrer sólidos.
   c. Mantenimiento de pavimentos.

2. Señala la afirmación correcta.
   a. Las fregadoras están compuestas por una máquina fregadora y una aspiradora de agua y polvo acoplada.
   b. Las rotativas solo sirven para la limpieza profesional de suelos húmedos.

3. Si tuviéramos que elegir una máquina para la limpieza de un patio de butacas de un teatro. ¿Cuál elegiríamos?
   a. Rotativa.
   b. Aspirador de líquidos.
   c. Aspiradora de mochila.

4. Cuál de estas afirmaciones es la correcta:
   a. Leer siempre el manual de instrucciones de las máquinas, ya que las recomendaciones varían dependiendo de las características de las mismas.
   b. El avance tecnológico ha imposibilitado la realización de tareas de limpieza, tanto en la eficacia de eliminación de suciedad.

5. ¿Qué tipo de máquinas combinan las ventajas del aspirado en seco con la limpieza en vapor?

   _____
   _____
   _____

6. ¿Para qué tipo de superficies son aconsejables las aspiradoras-cepilladoras?

   _____
   _____
   _____

7. Enumera los tipos de limpieza que se pueden realizar con una máquina rotativa.

_____
_____
_____

8. ¿Qué medidas de seguridad debemos tener cuando manejemos barredoras?

_____
_____
_____

9. Cuál de estas afirmaciones es correcta:

 a. En el limpiado de alfombras y tapicería el resultado puede mejorarse sensiblemente si se utiliza una solución caliente en lugar de una solución a la temperatura ambiente.

 b. Al aumentar la temperatura se consigue el mismo resultado que a temperatura ambiente.

10. ¿Qué recomendaciones tendremos en cuenta al utilizar una limpiadora de vapor?

_____
_____
_____

11. Localiza en la siguiente sopa de letras los diferentes usos en los que podemos aplicar la rotativa. Encerar, cristalizar, fregar, cepillar, abrillantar, pulir y decapar.

E	K	K	C	G	E	N	C	E	R	A	R	C	G
F	G	C	N	V	Q	E	Y	F	R	E	G	A	R
J	C	V	O	G	L	A	R	J	F	L	O	Q	R
T	V	N	C	R	I	S	T	A	L	I	Z	A	R
P	E	U	M	F	W	Y	C	C	M	Z	G	W	X
T	D	T	C	B	E	Q	H	R	S	R	Y	Q	B
W	C	G	D	E	C	A	P	A	R	L	J	O	E
U	N	S	U	N	J	D	D	O	B	E	V	R	W
I	J	D	D	B	R	L	B	Y	I	I	M	G	L
B	A	A	B	R	I	L	L	A	N	T	A	R	C
B	R	D	O	C	K	C	E	P	I	L	L	A	R
F	P	C	B	W	Q	I	O	N	G	O	N	W	I
P	H	C	S	C	O	H	A	Y	L	D	D	W	V
U	M	P	P	U	L	I	R	E	T	V	M	U	P

12. Relaciona el tipo de mantenimiento con la descripción apropiada:

Correctivo	Se encarga de conservar la maquinaria en las condiciones óptimas con revisiones regulares, siguiendo un proceso de inspección, detección, corrección y prevención.
Preventivo	Monitoriza los diferentes parámetros con el fin de evitar los posibles fallos de la maquinaria y optimizar su rendimiento.
Predictivo	Se lleva a cabo una vez se ha producido la avería.

13. Encuentra la palabra oculta, tras completar las siguientes definiciones sobre los tipos de señalizaciones para el lugar del trabajo:

1. Señal sonora codificada sin intervención de voz humana.

2. Proporcionan una determinada información por la combinación de su forma, color y símbolo.

4. Señal con movimiento de los brazos de forma codificada.

5. Mensaje en el que se utiliza la voz humana o sintética.

7. Emitida por medio de un dispositivo traslúcido.

MEDIDAS DE SEGURIDAD ADICIONAL

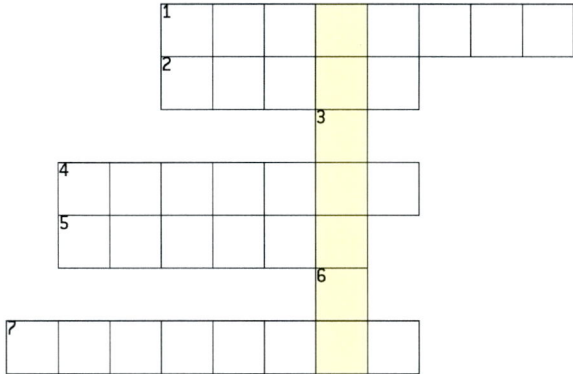

14. Completa las siguientes afirmaciones con la palabra correcta.

• La _____ de seguridad es una medida preventiva complementaria de otras.

• Antes de utilizar cualquier tipo de máquina leeremos siempre el manual de _____.

• El orden y la limpieza del lugar donde guardamos las máquinas es fundamental para su _____.

2. Utilización de productos de limpieza: identificación, propiedades y almacenamiento

Contenido

Objetivos

Identificar los tipos de suciedad que se generan y acumulan según el tipo de materiales que revisten las superficies que se van a limpiar.

Reconocer las características físicas de los materiales que constituyen las superficies que se van a limpiar.

Identificar productos de limpieza para suelos y mobiliario textil, teniendo en cuenta que no dañen el medio ambiente.

Clasificar los productos de limpieza de acuerdo con sus aplicaciones, explicando propiedades, ventajas y modos de utilización.

Interpretar el etiquetado y la ficha de seguridad de los productos de limpieza.

2.1. Concepto de suciedad, limpieza, desinfección e higiene: tipo de suciedad

Según la Real Academia Española, la suciedad es «polvo, manchas, grasas o cualquier otra cosa que ensucia». Una falta de orden es también suciedad, cualquier materia que se encuentra en un lugar no adecuado, pongamos como ejemplo un envase con líquido, puede convertirse en suciedad (si dicho líquido se derrama).

La desinfección mediante la limpieza de las superficies tiene como finalidad combatir las infecciones que pueden provocar los gérmenes que se encuentran en el polvo.

La desinfección actúa sobre la superficie cuando se dirige a eliminar los gérmenes depositados en la superficie de objetos, paredes y pavimentos.

La desinfección debe actuar en profundidad cuando la suciedad ha penetrado en el interior de los objetos. En el caso de los pavimentos, su eliminación es más difícil, ya que la suciedad se deposita fácilmente en superficies horizontales y las corrientes de aire y el tráfico de personas es continuo.

Se deben utilizar métodos apropiados según las características de la suciedad que queramos eliminar, y utilizar un producto adecuado para cada caso.

Teniendo en cuenta esa materia y la variedad que existe podemos distinguir varios tipos de suciedad:

- *Suciedad no grasa*: aquella que se adhiere a los objetos o superficies, por las condiciones ambientales o bien como resultado de actividades que se realizan en un lugar determinado. Son de origen sólido y fácilmente eliminables, como, por ejemplo, barro, papeles, colillas, arena, restos de alimentos.

- *Suciedad grasa*: causada por aceites o grasas, son más difíciles de eliminar, ya que requieren de la utilización de productos más agresivos y, en ocasiones, maquinaria específica. Dentro de esta clasificación incluimos las tintas, aceites, resinas, grasas.

- *Suciedad especial*: son aquellas que para su eliminación requieren productos y técnicas especiales, por ejemplo, las manchas de óxido, los roces de suelas o ruedas en los pavimentos, restos de materias en obras o reparaciones (cal, yeso, cemento, pintura). Precisan de la utilización de productos químicos específicos para cada caso en particular.

De una manera más detallada, determinamos que existe suciedad **soluble** y **no soluble**.

1. La suciedad soluble se presenta de dos formas:

    a. Pigmentaria. Es aquella que se encuentra en pequeñas partículas sólidas poco solubles y que se adhieren por fuerza eléctrica o adherencia física como el polvo, barro, etc. Este tipo de suciedad se elimina por aplicación de fuerza mecánica, siendo necesarios en ocasiones productos humectantes.

    b. Proteínica. Proviene de fluidos biológicos o secreciones animales, contiene una parte albúmina (proteína animal y vegetal rica en azufre) y otra de varios compuestos orgánicos. Esta suciedad se coagula con la temperatura y se convierte en insoluble, como, por ejemplo, la sangre, el sudor, el huevo, la leche, etc. Para su eliminación necesitaremos detergentes alcalinos y procesos enzimáticos.

2. La suciedad no soluble se presenta de tres formas:

    a. Grasas. Podemos encontrarlas líquidas (aceites) o sólidas (grasas). Están formadas por ácidos grasos y glicerinas. Diferenciamos:

       — Suciedad grasa natural. Se fijan por su grupo químico o por adherencia física. Pueden ser tanto de origen vegetal como animal. Son suciedades que pueden convertir en jabón un cuerpo graso, especialmente por la combinación de los ácidos que contiene con un álcali (saponificables), se eliminan por acción química de producto alcalino y temperatura.

       — Suciedad grasa mineral. Aceites obtenidos por la refinación del petróleo, como los aceites de motor, lubricantes, anticongelantes. Para eliminarlas, se deben utilizar agentes disolventes de características químicas similares o bien emulsionarse con detergentes.

    b. Colorantes de óxido de hierro. Se distinguen dos categorías:

       — Suciedad colorante mineral. Formada por un conjunto de moléculas (macromoléculas) de origen sintético o mineral, que se fijan más intensamente a los tejidos o son absorbidas por la porosidad de los pavimentos, siendo más intensa si están junto a otro tipo de suciedad. Dentro de este grupo se incluyen los colorantes en general. Será necesario un producto químico que ataque por oxidación o reducción.

       — Suciedad colorante natural. Compuesta por macromoléculas de distintos compuestos que se fijan débilmente a textiles y pavimentos porosos, como, por ejemplo, vino, chocolate o té. Se eliminan mediante un producto químico que actúa por oxidación reduciendo las macromoléculas para que sean solubles.

c. Sales inorgánicas. Habitualmente compuestas por restos de calcio y magnesio, se fijan a los textiles después de la evaporación del agua en el proceso de lavado. Para su eliminación, se necesita un nuevo proceso de lavado con detergente ácido.

Existen otros tipos de suciedad específica que dependen de la calidad del agua, como la suciedad producida por óxidos metálicos en suelos textiles. Son perjudiciales para los tejidos y reaccionan con los productos de lavado, deteriorándolos. Para su eliminación requieren un producto específico dependiendo del tipo de óxido (hierro, cobre, titanio...).

Con la limpieza se pretende reducir el riesgo de infecciones, mejorar la calidad del ambiente en aquellos lugares donde este es mediocre y potenciar la imagen del inmueble para que el usuario perciba una buena imagen y confíe en la calidad del mismo.

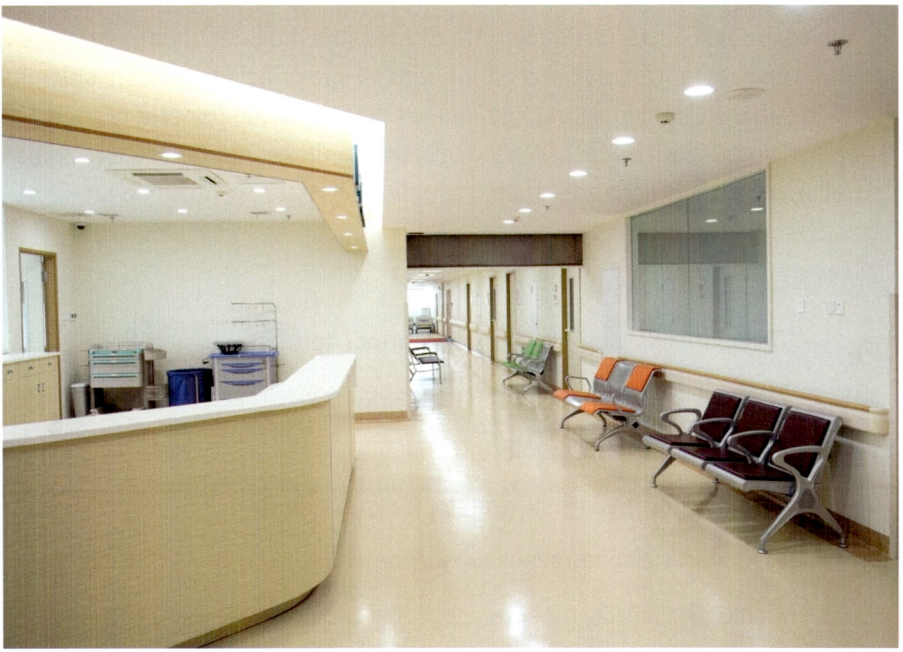

Dependiendo de la actividad a la que se destine el inmueble, la finalidad de la limpieza es diferente, por ejemplo, en unos grandes almacenes prima el orden, suelos brillantes, ausencia de polvo en muebles de exposición, un ambiente fresco que atraiga al público. Sin embargo, en un taller mecánico la limpieza se focaliza en la eliminación de grasas y residuos que puedan entrañar peligro a trabajadores y usuarios. O cuando hablamos de un centro hospitalario, donde la limpieza es sinónimo de higiene y evita que la suciedad se convierta en un peligro para la salud.

Antes de limpiar **siempre** debemos tener en cuenta tres aspectos fundamentales:

1. Determinar la naturaleza del elemento que vamos a limpiar.

2. Reconocer la clase de suciedad.

3. Aplicar el procedimiento de limpieza más adecuado.

2.2. Clasificación de los pavimentos

Una vez que se ha localizado y definido la suciedad, hay que tener en cuenta el tipo de superficie en la que está depositada, cuáles son las características de la superficie en la zona de trabajo asignada, qué tipo de suelo vamos a tratar, cuál es el mobiliario y el equipamiento en el inmueble, y, por último, valorar la presencia de personas en la zona de trabajo del profesional determinando la actuación conforme a la situación.

1. **Suelos duros.** Fáciles de limpiar, son pavimentos muy resistentes a golpes y arañazos, bastante duraderos y fríos; uno de sus principales inconvenientes reside en que, debido a su porosidad, es más fácil que penetre la suciedad en sus poros. Para evitar que esto ocurra han de ser cristalizados; además debemos tener mucha precaución al aplicarles tratamientos con productos ácidos y sales alcalinas.

   • Clasificación general:

     — De piedra lisa o pulida: granito, mármol, terrazo...

     — Porosos: barro cocido, cemento y asfalto.

   • Clasificación por composición:

     — Piedra natural: mármol, granito, pizarra.

     — Piedra artificial: terrazo, azulejo, porcelana.

     — Arcillosos: ladrillo, gres rústico, barro cocido.

     — Arcillosos pulidos: cerámica, baldosas esmaltadas.

   Los suelos duros naturales como **el mármol** resultan agradables a la vista, pero incómodos a la hora de cuidarlos, pues el mármol absorbe las manchas fácilmente. El mantenimiento diario se hará únicamente con agua y un poco de jabón neutro, se puede sustituir por cera líquida especial para dar brillo.

   Debemos evitar siempre productos abrasivos que dejan el suelo mate, así como vinagre o limón porque se comen su brillo. Cuando el mármol se pone oscuro o amarillento, puede ser debido a una capa demasiado gruesa de cera; una opción es mojar una esponja o cepillo en agua y vinagre. Si se aplicó esta técnica y se quiere revertir, no es demasiado tarde, ya que existen productos especiales para quitar la cera. Unos consejos para mantener el mármol en buen estado son:

- Eliminar el polvo con frecuencia.
- Limpiar las superficies diariamente con esponja y detergente común neutro.
- Secar siempre la superficie después de limpiar con agua.
- No usar vinagre y limón con demasiada frecuencia. Cuando se haya hecho, basta con volver a limpiar la superficie. Evitar los limpiadores abrasivos.

Los suelos duros naturales como **el granito** son más resistentes frente a golpes, rayones, infiltraciones y calor, y su limpieza resulta sencilla. Dependerá de si el granito es pulido, en ese caso bastará con un trapo húmedo; si no es pulido podremos cepillarlo.

En ocasiones, observamos que la superficie ha perdido su brillo característico. En este caso, se ha de pulir **por abrasión**. Para prevenir esta situación, conviene no exponerlo a diferentes ácidos, que harán que adquiera un tono amarillento, o a productos abrasivos que acelerarán la pérdida de la pátina brillante.

Los suelos naturales de piedra como **la pizarra** y **la cuarcita** son habituales en exteriores. Periódicamente, se limpiarán los solados de cuarcita con agua jabonosa y detergentes no agresivos. Los de pizarra se frotarán con cepillo y los de caliza admiten agua con lejía. No podrán utilizarse otros productos de limpieza de uso doméstico, tales como aguafuerte, lejías, amoníacos u otros detergentes de los que se desconozca si tienen sustancias que puedan perjudicar la piedra y el cemento de las juntas; en ningún caso se utilizarán ácidos.

El terrazo es un suelo artificial formado por trozos de mármol aglomerados con cemento cuya superficie se pulimenta. Adecuado para cualquier uso, tanto peatonal como intensivo o industrial, existe una amplia gama de colores y modelos, y permite su colocación tanto en interiores como exteriores. Es un pavimento de larga duración y que admite procesos de regenerado. La limpieza se consigue con agua y jabón neutro.

Periódicamente, se limpiarán los solados de terrazo mediante lavado con jabón neutro; en caso de solados de cemento, la limpieza será en seco o en húmedo, con detergentes neutros diluidos en agua tibia. No se utilizarán productos de uso doméstico, tales como aguafuerte, lejías, amoníacos u otros detergentes de los que se desconozca si tienen sustancias que puedan perjudicar a los componentes del terrazo y al cemento de las juntas. En ningún caso se utilizarán ácidos.

El terrazo continuo es un pavimento formado por un aglomerante en base resina o cemento que proporciona a la masa su color, unas cargas minerales que le dan textura, pigmentos y aditivos.

Dentro de los pavimentos artificiales incluimos **los azulejos**, que no son característicos de suelos, sino que se utilizan para paredes en aseos, lavanderías... Son piezas impermeables constituidas por un soporte de naturaleza arcillosa, con o sin recubrimiento de esmalte cerámico, utilizando tres elementos básicos: la tierra o la arcilla, el agua y el fuego, que componen un producto natural y de alta calidad. La limpieza se realiza con facilidad, simplemente con un paño húmedo y, si la superficie presenta suciedad o grasa, se pueden añadir agentes de limpieza como detergentes o lejías.

Los suelos duros arcillosos como **el barro cocido** se obtienen mezclando arcilla y agua. Eligiendo bien el producto impermeabilizante, se consigue que el barro mantenga su aspecto natural. Una vez tratado el pavimento, es conveniente utilizar cada vez que se friegue un detergente neutro; además, debe estar siempre hidratado y, cuando aparezcan manchas negras de goma, se utilizará un detergente neutro de mantenimiento ordinario puro y se frotará con un estropajo abrasivo verde humedecido, para luego aclarar y reaplicar la cera líquida solo en la parte afectada.

Para la eliminación de viejos tratamientos de un barro, utilizar decapante muy concentrado y dejarlo actuar durante unos 15-20 minutos. Frotar bien con un estropajo o una máquina rotativa provista de disco marrón o verde, recogiendo los residuos con una bayeta o aspirador de líquidos y aclarar muy bien al finalizar. El pavimento después de esta operación quedará preparado para la aplicación de un tratamiento, adecuando en función de la nueva absorción del barro recuperado.

En el caso de que el pavimento presente manchas orgánicas (aceite, grasa, bebidas, comidas, etcétera):

Si el barro está tratado. Si alguna sustancia ha penetrado ligeramente, utilizar detergente desengrasante. Dejarlo actuar unos minutos. Aclarar con agua.

Si el barro no está tratado. Para manchas de aceite y grasa, aplicaremos un detergente desengrasante puro y lo dejaremos actuar unos minutos sobre la baldosa afectada, aclarando con abundante agua al final. Para el resto de manchas, pulverizar con quitamanchas directamente sobre la mancha, dejar 15 minutos y eliminar con un cepillo la capa de polvo que se ha creado.

En los suelos duros arcillosos como **el gres rústico**, cuyo cuerpo es de color ocre a pardo, es frecuente poder apreciar a simple vista los elementos no homogéneos (grano, poros, inclusiones).

Una limpieza con el desincrustante ácido, diluido según el grado de suciedad, será suficiente para eliminar suciedad depositada durante el tiempo; para prevenir nuevas, se recomienda aplicar dos manos del impermeabilizante hidrófugo con una brocha grande, impregnando bien las juntas. Esta operación alarga la vida del material, lo protege contra las manchas derivadas de agentes atmosféricos y lo conserva en perfecto estado evitando su envejecimiento.

Los suelos duros pulidos como **el gres** son los más habituales, muy utilizados en lugares donde se requiere una limpieza constante, al tratarse de un material que absorbe poco el líquido. Presenta una gran resistencia a los agentes químicos y a productos de limpieza, y además mantiene una muy buena resistencia a la abrasión.

El gres porcelánico es uno de los últimos revestimientos que se ha introducido en el mercado. Su principal característica es su capacidad para reproducir con muchísima fidelidad materiales naturales mucho más caros como la piedra o el mármol. Se trata de una superficie poco porosa. Con el gres esmaltado, que está cubierto por una capa esmaltada, habrá que tener especial cuidado con la utilización de productos abrasivos.

2. **Suelos blandos**. Este tipo de suelos son poco pesados, se colocan de forma sencilla y están compuestos en su mayoría por materiales sintéticos, pero destacamos los naturales y, entre ellos, los suelos de madera como los entarimados. Debemos tener mucha precaución con el exceso de agua en su limpieza y mantenimiento, así como en tratarlos con disolventes y abrasivos que los dañan, se aconseja que las soluciones detergentes no superen un pH de 9. Algunos ejemplos de suelos blandos:

- *Corcho*

  Es un material natural que procede de la corteza del alcornoque, fácil de colocar, aislante, económico y de sencillo mantenimiento. En este tipo de superficies se utilizará un trapo o una fregona ligeramente humedecidos con agua y jabones neutros. No utilizar vinagre, ceras o productos abrasivos que contengan alguna base de amoníaco.

- *PVC*

  Es un pavimento de reciclaje fabricado con restos de cables de PVC. No pasa la humedad, no hacen ruido, son suelos muy resistentes al tráfico intenso y al desgaste. Resisten también ácidos, lejías y otras poluciones del medio ambiente.

- *Goma*

  Son suelos antideslizantes, reductores de ruidos, amortiguadores de impactos, alta resistencia al desgaste, facilidad y rapidez de colocación, y al ser poco porosos, la suciedad será siempre superficial. La limpieza ha de hacerse con jabones neutros y mopeado seco diario.

- *Caucho*

  El caucho es un material ecológico, el 90 % de sus componentes vienen del neumático ya usado, no contienen sustancias perjudiciales para la salud, son materiales amortiguantes, elásticos, permeables y antideslizantes.

- *Linóleo*

  En su composición toman parte materias primas regenerativas de origen vegetal como el corcho, la resina o el aceite de linaza, también son materiales de fácil colocación. Limpiar con productos no agresivos cuyo pH no sea superior a 9, para una limpieza diaria bastará con un detergente neutro.

- *Parqué*

  Son suelos de madera que se pueden diferenciar en suelos de tarima que no tocan el suelo, se clavan sobre unos rastreles, que mantienen contacto con el suelo y le dan estabilidad. La cámara de aire que queda entre las lamas y el pavimento facilita la ventilación de la madera, evitando la putrefacción que trae consigo la humedad.

  — El parqué pegado. Está formado por pequeñas tablillas que van directamente pegadas al suelo mediante cola de poliuretano.

  — El parqué flotante. Son piezas de madera, generalmente láminas alargadas, pegadas y barnizadas en talleres especializados. No se pegan ni clavan al suelo, sino que la cara que no se pisa y queda por debajo, se apoya sobre una membrana o capa de neopreno, por tanto, queda *flotando* al mismo tiempo que actúa de aislante.

Para todos los tipos de parqué: límpielo a menudo eliminando el polvo con una mopa o un trapo seco y no añada al agua productos con alto componente ácido o que contengan ceras o siliconas. Para manchas de fruta, leche, refrescos, té, vino o café utilizaremos un detergente suave. Las de chocolate, grasa, aceite o betún de los zapatos, un disolvente y para aquellas manchas de rotulador, bolígrafo, típex o pintalabios aplicaremos alcohol desnaturalizado.

No deje en ningún caso secar las manchas sobre el parqué.

3. **Suelos textiles**. Suelos compuestos por tejidos, presentan un mayor o menor desgaste en función de su rozamiento, son suelos muy confortables y con un buen aislamiento térmico. Se ensucian con mayor facilidad debido a su gran porosidad, se han de mojar lo menos posible y si para su limpieza fuera necesario, han de secarse bien. Según el tipo de fibra de la que estén compuestos, los suelos textiles serán más o menos resistentes. En su limpieza se aconsejan productos neutros.

Podemos clasificar las moquetas de la siguiente manera:

- Por su formato.
  - Moquetas en losetas. Habitualmente de 50 × 50 cm, fácil de instalar y de manipular, aunque se notan las juntas y uniones. Este tipo es muy utilizado en oficinas.
  - Moquetas en rollo. Son frecuentes en rollos de 4 m de ancho por el largo deseado, apenas requieren uniones o juntas. Son las moquetas que se usan tradicionalmente en hoteles.

- Por la composición del pelo:
  - Sintéticas.
    · 100 % poliamida o nailon.
  - Lana.
    · Aspecto excelente. Resistencia media.
  - Lana y nailon.
    · 80 % y 20 %. Tienen una resistencia excelente, y muy fáciles de limpiar y mantener.
  - Fibras vegetales.
    · Decorativas y muy exóticas, además de resistir bien el trasiego diario, proceden de plantas tan diversas como el coco, el sisal o las algas.

- Por su sistema de fabricación:
  - Tejidas.
    · Sistema de fabricación en telares automáticos.
  - No tejidas.
    · El pelo se pega de forma más o menos uniforme a un basamento de tipo plástico o pegajoso.

2.3. Utilización de productos para máquinas en función de la suciedad: etiquetaje, almacenamiento y dosificación

La clasificación, envasado y etiquetado de las sustancias y preparados se encuentran regulados por el Real Decreto 363/1995, de 10 de marzo. Por el que se regula la notificación de sustancias nuevas y clasificación, envasado y etiquetado de sustancias peligrosas, y el Real Decreto 255/2003, de 28 de febrero, por el que se aprueba el reglamento sobre clasificación, envasado y etiquetado de preparados peligrosos. El sistema de clasificación incluido en esta legislación se compara con la del Sistema Mundialmente Armonizado (GHS).

Los envases de los productos con los que trabajamos deben cumplir una serie de requisitos:

- Deben estar diseñados, construidos y cerrados de manera que no pueda escapar el contenido.

- Los materiales del envase y del cierre no deben estar deteriorados por el contenido ni ser susceptibles de formar compuestos peligrosos con este.

- El envase y los cierres deben ser resistentes y sólidos en todas sus partes para que no se aflojen.

- Los envases que lleven cierres reutilizables deben estar diseñados para cerrarse repetidamente sin que escape el contenido.

El envase no debe atraer ni suscitar la curiosidad de los niños o inducir a engaño al consumidor cuando se suministre al público en general.

La utilización de sustancias químicas no debería causar daños a la salud si se realizara en condiciones adecuadas, para ello, es conveniente conocer las características de los mismos y su uso correcto.

Todo envase que contenga un producto químico debe llevar, obligatoriamente, una etiqueta bien visible, firmemente fija a una o más superficies del envase que contenga la sustancia o la mezcla, y en la que debe aparecer claramente el nombre de la sustancia; además, deben ser legibles en sentido horizontal, en la posición en que se deja habitualmente el envase, los pictogramas de peligro, que se destacarán claramente del fondo, y deberán figurar los datos de contacto de uno o varios proveedores, además de guardarse las fichas de seguridad de los productos para conocer las características generales del mismo.

La Agencia Europea de Sustancias y Mezclas Químicas (http://echa.europa.eu) publica un documento que ofrece información orientativa sobre los requisitos de etiquetado y envasado conforme al Reglamento (CE) n.º 1272/2008, sobre clasificación, etiquetado y envasado de sustancias y mezclas, que proporciona una información más amplia sobre el etiquetado y envasado.

Existen diferentes tipos de peligrosidad de los productos químicos:

- Propiedades físico-químicas:
  - Explosivos.
  - Comburentes.
    - Gas que, generalmente liberando oxígeno, puede provocar o facilitar la combustión de otras sustancias en mayor medida que el aire.
  - Extremadamente inflamables, fácilmente inflamables e inflamables.
    - **Punto de inflamación**: la menor temperatura a la cual la aplicación de una fuente de ignición hace que los vapores de un líquido ardan en condiciones de ensayo específicas.
- Propiedades toxicológicas:
  - Muy tóxicos.
  - Tóxicos.
  - Tóxicos nocivos.
  - Corrosivos.
  - Irritantes.
  - Sensibilizantes.
- Efectos específicos para la salud:
  - Carcinogénicos.
  - Mutágenicos.
    - Agente que aumenta la frecuencia de mutación en los tejidos celulares, en los organismos o en ambos.
  - Tóxicos para la reproducción.
- Efectos sobre el medio ambiente.
  - Peligrosos para el medio ambiente.

2.3.1. Tipología de los productos de limpieza y criterios para su dosificación adecuada

El agua

El agua es un disolvente de la suciedad, pero, si tienen lugar inconvenientes en tuberías y electrodomésticos por la acumulación de cal, muchas veces el agua sola no basta, sino que hacen falta otros productos. A la hora de dosificarlos, debemos tener en cuenta qué tipo de agua tenemos: blanda, ligeramente dura, muy dura.

La dureza del agua es la concentración de compuestos minerales que hay en una determinada cantidad de agua, en referencia a las sales de magnesio y el calcio que lleva. Son estas las causantes de la dureza del agua, y el grado de dureza es directamente proporcional a la concentración de sales alcalinas. La dureza total se mide en grados franceses, siendo 1 ºF = 10 mg/l de carbonato cálcico.

pH

En determinados procesos químicos indica el grado de acidez de una sustancia. La acidez es una de las propiedades de los productos de limpieza, y puede variar entre 0 y 14. Los números a partir del 0 al 7 en la escala indican las soluciones ácidas, y 7 a 14 indican soluciones alcalinas. Cuanto más ácida es una sustancia, más cercano su pH estará a 0; cuanto más alcalina es una sustancia, más cercano su pH estará a 14.

Aquellos productos en los que su pH sea más alcalino, serán los utilizados para la eliminación de grasas, ceras... Por el contrario, los productos cuyo pH sea más ácido, serán utilizados para limpiar suciedades que contengan elementos como cemento, óxido...

Cada producto y cada marca tienen unos pH determinados por la composición química, pero, como norma general, indicamos lo habitual según el tipo de producto o superficie que se debe tratar:

Productos neutros (pH de 6 a 8). Son productos que se pueden utilizar en superficies o suelos cristalizados y con brillo, por ejemplo, el mármol, ya que no alteran las propiedades del brillo. Pueden ser utilizados para uso personal, ya que no afectan a la piel.

Los detergentes con un pH neutro se utilizan para la limpieza de superficies con poca suciedad o que esta sea fácil de eliminar.

Productos alcalinos (pH 9 o mayor). Son productos que poseen propiedades desinfectantes y limpiadoras, especialmente si la suciedad contiene pigmentos, proteínas o grasas. Si el pH es muy alto suele utilizarse como desatascador.

Productos ácidos (pH 5 o menor). Son productos con propiedades típicamente desincrustantes, ideales para restos calcáreos, óxidos, etc. Pero cuidado: se deben usar en superficies no delicadas, como, por ejemplo, abrillantador para lavavajillas, limpiadores cítricos...

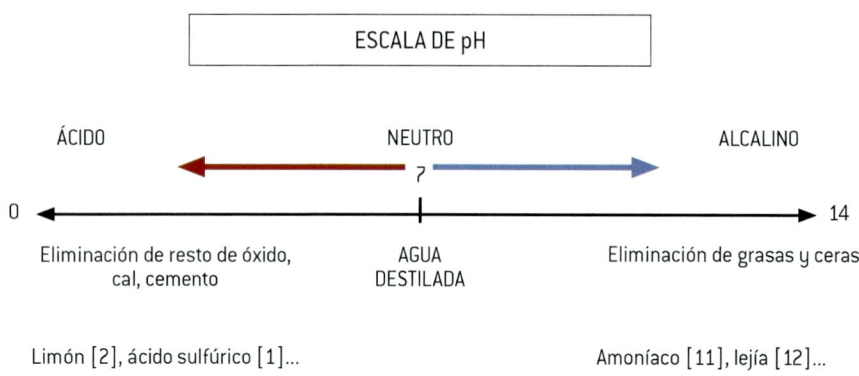

Jabones

El jabón es el más antiguo de los detergentes, son los principales productos utilizados en limpieza. Existe una diferenciación entre ellos:

Jabones naturales. Están compuestos por una mezcla de grasa animal o vegetal con una base de sosa o potasa. Son de fabricación artesanal y presentan poco impacto en el medio ambiente, hay que tener en cuenta que no son muy efectivos en aguas duras y que pueden formar costras de precipitado.

Jabones sintéticos. Están compuestos por sustancias derivadas del petróleo, tienen un bajo coste y son activos en todo tipo de aguas. Este tipo de jabones se puede adulterar con facilidad además de no ser biodegradables.

Jabones semisintéticos. Están compuestos por una grasa natural y otra parte modificada químicamente. Son activos en todo tipo de aguas, biodegradables al 100 % y más efectivos que los anteriores.

Detergentes

Son sustancias que tienen la propiedad química de disolver la suciedad o las impurezas de un objeto sin corroerlo. Una parte del detergente se une al agua fuertemente, mientras que la otra huye del agua uniéndose a la suciedad. Suelen ser productos biodegradables, ya que el agua se encarga de eliminarlos.

Los detergentes están compuestos por:

- *Agentes tensoactivos*. Son los encargados de separar la suciedad e impedir que esta se deposite de nuevo. Modifican la tensión superficial del líquido en el que se halla disuelto... Existen varios tipos de tensoactivos.

  — Tensoactivo aniónico. Liberan una carga negativa (anión) en solución acuosa, su parte hidrófila se carga negativamente, dispersando la suciedad. Suelen utilizarse por su poder espumoso. Son muy eficaces y se usan en los detergentes para la ropa y los productos de limpieza.

  — Tensoactivos catiónicos. Tienen propiedades desinfectantes, los detergentes más utilizados son los amonios cuaternarios que poseen un poder bactericida (desinfectante) y tienen una mala biodegradabilidad. En contacto con los detergentes aniónicos, forman compuestos insolubles (no son compatibles). Los detergentes catiónicos se utilizan en el ámbito hospitalario y en las industrias alimentarias.

  — Tensoactivos no iónicos. Los detergentes no iónicos hacen menos espuma que los demás tipos de detergentes, por lo cual se utilizan en la industria del textil, o para lavavajillas. Además, ya que son compatibles con todas las clases de tensoactivos, neutralizan el efecto irritante de los tensoactivos aniónicos.

  — Tensoactivos anfotéricos. Son compatibles con los aniónicos o catiónicos según el medio donde se usen, es decir, que forman en medio ácido cationes y en medio alcalino aniones.

- *Componentes complementarios como*:

  — Agentes coadyuvantes. Ayudan al tensoactivo en su labor, destacamos:

    · Polifosfatos que eliminan la dureza del agua.

    · Silicatos solubles que ablandan el agua y dificultan la oxidación del aluminio y acero inoxidable.

    · Carbonatos que ablandan el agua.

  — Aditivos. Estos aportan a los tensoactivos perfumes, colorantes, conservantes y blanqueadores como, por ejemplo, el perborato.

  — Auxiliares de presentación. Regulan la concentración del detergente para una viscosidad adecuada y una mezcla homogénea.

  — Agentes auxiliares. Como, por ejemplo, las sustancias fluorescentes que contrarrestan la tendencia natural de la ropa a ponerse amarilla o las enzimas que ayudan a eliminar manchas de restos orgánicos.

Lejía

Es un líquido creado químicamente para desinfectar. El hipoclorito de sodio o hipoclorito sódico es un compuesto químico, contiene el cloro en estado de oxidación y, por tanto, es un oxidante fuerte, en disolución acuosa solo es estable a pH básico. La lejía es un producto corrosivo que debe manipularse con sumo cuidado utilizando guantes, su acción corrosiva puede dañar el acero inoxidable si se emplea en concentraciones elevadas y por largo tiempo. Debe almacenarse lejos de ácidos (agua fuerte, salfumán), en un local ventilado y fresco. Conservaremos en los recipientes originales, cerrados y lejos de fuentes de calor.

2.3.1.1. Almacenaje de productos de limpieza

Algunos productos requieren unas normas de almacenaje diferente, teniendo en cuenta, entre otros aspectos, el grado de toxicidad de los mismos. La forma en que estos se manipulan es clave para evitar riesgos para la salud. Cuando almacenamos productos químicos, hemos de tener en cuenta una serie de recomendaciones generales.

Existe gran diversidad de tipos de almacenamiento, teniendo en cuenta el tipo de instalaciones, los recipientes a los que son trasvasados, la peligrosidad del producto, etc. Las condiciones de seguridad que deben cumplir los almacenamientos de productos químicos están sometidas a los cambios derivados de las modificaciones en la normativa específica de seguridad aplicable, por lo que deben entenderse en relación con la normativa en vigor en la fecha de publicación de las mismas.

El primer paso para establecer la peligrosidad de los almacenamientos es identificar la peligrosidad de los productos químicos almacenados y precisar la cantidad que se tiene de cada uno ellos. Existen diferencias en los criterios para clasificar el peligro de las sustancias y mezclas, en los pictogramas utilizados para identificar los peligros, en la información sobre los peligros y en la etiqueta de los productos.

El almacenamiento conjunto de productos químicos, en un mismo recipiente o en una misma dependencia, sin que se adopten las medidas de seguridad oportunas, puede suponer un grave riesgo de accidentes debido principalmente a las posibles reacciones que se pueden generar entre estos productos y que pueden originar incendios, explosiones, emisión de gases tóxicos, etc. Con carácter general, solo se deben almacenar conjuntamente productos químicos de la misma clase de peligro, siempre que no exista una incompatibilidad específica entre dichos productos. El personal que está en contacto con los productos químicos debe hacer uso de los equipos de protección individual adecuados derivados de la evaluación de riesgos laborales y según lo establecido.

A continuación, se muestra una tabla de incompatibilidades de almacenaje de productos químicos que el Instituto de Seguridad e Higiene en el Trabajo ha desarrollado.

CLASES Y CATEGORÍA DE PELIGRO REPRESENTADOS POR LOS PICTOGRAMAS CONFORME AL REGLAMENTO CLP								
Explosivos	Gases inflamables	Gases comburentes	Gases a presión	Corrosivo	Tóxico agudo	!	Salud	
[1] [2]								Explosivos
	[1] [2]			[1] [3] [4]		[1]		Gases inflamables
		[1]				[1]		Gases comburentes
			[1] [5]					Gases a presión
	[1] [3] [4]			[1]	[1]	[1]	[1]	Corrosivo metales, corrosivo cutáneo, causa lesiones oculares
				[1]	[1]	[1]	[1]	Tóxico agudo
	[1]	[1]		[1]	[1]	[1]	[1]	Tóxico agudo, irritante cutáneo, irritante ocular. Toxico específico sobre determinados órganos, sensibilizante cutáneo
				[1]	[1]	[1]	[1]	Sensibilizante respiratorio, mutágeno, carcinogénico, tóxico para la reproducción, tóxico para determinados órganos

Almacenamiento no permitido	Almacenamiento permitido con restricciones.	www.lnsht.es

Restricciones en el almacenamiento conjunto de productos químicos:

(1). En una misma dependencia solo podrán almacenarse productos de la misma clase o categoría o de otra de riesgo inferior (siempre que sean compatibles), procurando agrupar aquellos que contengan productos de la misma clase.

- Aunque dos productos químicos tengan el mismo pictograma según el Reglamento CLP, no significa que el almacenamiento conjunto de los mismos sea necesariamente seguro, ya que un mismo pictograma puede representar distintas clases de peligro incompatibles entre sí. Siempre se debe comprobar la compatibilidad específica entre las distintas clases y categorías dentro de una misma clase de productos químicos.

- No podrán almacenarse en el mismo recipiente o estantería productos diferentes que presenten posibles reacciones peligrosas. Cuando se almacenen líquidos de diferentes clases o categorías en un mismo recipiente o estantería se considerará todo el conjunto como un líquido de la clase o categoría más peligrosa.

- No se almacenarán conjuntamente productos que puedan reaccionar entre sí a no ser que exista una barrera física que evite su contacto en caso de incidente.

- No podrán estar en el mismo cubeto recipientes con productos que puedan producir reacciones peligrosas entre sí o que sean incompatibles con los materiales de construcción de otros recipientes, tanto por sus características químicas como por sus condiciones físicas.

- Se seguirán siempre las indicaciones relativas al almacenamiento conjunto establecidas.

- No estará permitido el almacenamiento conjunto de productos que requieran agentes extintores incompatibles con alguno de ellos.

- En caso de que un producto presente varias clases de peligro, será almacenado en el lugar que cumpla los requisitos técnicos más restrictivos siempre y cuando no se oponga a lo establecido en alguna norma técnica de aplicación.

(2). Los almacenamientos de peróxidos orgánicos deben ser exclusivos para este fin, no permitiéndose el almacenamiento de otros productos químicos ni la realización de operaciones de trasvase, formulación o de otro tipo, salvo en los almacenamientos de aprovisionamiento diario.

(3). Los líquidos corrosivos que, además, sean inflamables o combustibles, podrán almacenarse junto con otros líquidos inflamables o combustibles siempre que exista entre ellos una separación física que evite su contacto en caso de incidente.

(4). Los líquidos corrosivos que no sean inflamables ni combustibles podrán almacenarse dentro de cubetos de líquidos inflamables y combustibles, siempre que los materiales, protecciones, disposición y tipo de recipientes sean los exigidos.

(5). Se podrán almacenar botellas llenas de gases inflamables y otros gases (inertes, oxidantes, tóxicos, corrosivos, etc.) siempre que se disponga de las separaciones físicas previstas en el artículo 5.2 de la ITC.

2.3.2. Criterios para la utilización y dosificación de productos de limpieza con máquina

Cada clase de pavimento requiere un producto y técnica de limpieza específica según el tipo de tratamiento que queramos aplicar, siempre procurando respetar las propiedades del suelo y que la aplicación del producto no lo dañe. Normalmente, los productos pueden estar disueltos en agua, en un solvente o mezcla de ambos. Antes de conocer los diferentes tratamientos debemos identificar la materia prima y componentes.

- **Las ceras.** Se encuentran ceras naturales de origen vegetal (carnaubas), animal (de abeja), mineral (parafina) y sintéticas de fabricación industrial, estas últimas tienen las mismas propiedades que las ceras naturales y los resultados suelen ser incluso mejores, además de aceite de linaza, aceite de esencia de trementina y materia seca sin plomo. Suelen usarse para el tratamiento de superficies de madera, corcho y cerámica no vidriada (terracota), que son tratadas previamente con aceite para pavimentos y que constituyen áreas de desgaste. No es apropiado para cuartos de baño ni encimeras de cocina.

  Se caracterizan por ser repelentes de la suciedad e hidrófugas, por su capacidad de difusión, antiestática, su acabado satinado, consistencia pastosa y fácil tratamiento.

  Para el tratamiento de este tipo de ceras, se tendrá en cuenta el tipo de pavimento, por lo general:

  — Se aplicará la cera dura para pavimentos con un paño que no contenga algodón y en finas capas uniformes.

  — Deben evitarse las proyecciones.

  — Para superficies de mayor tamaño, se aconseja utilizar una enceradora.

  — La cera se aplicará esparciéndola con una espátula o calentándola a aproximadamente 60 ºC y distribuyéndola por el pavimento, encerando a continuación de manera uniforme con una máquina.

— Transcurridas de 4 a 6 horas, la superficie tiene que pulirse con un paño que no contenga algodón, un cepillo, una enceradora o una máquina de pulir, hasta que la superficie tenga un acabado satinado.

— Las capas sobresalientes que no hayan sido eliminadas y estén secas son difíciles de pulir más tarde y acaban presentando el aspecto de manchas blancas. Estas capas sobresalientes pueden eliminarse con una esponja de limpieza, estropajo o tratamiento de decapado en el caso de ser muy persistentes.

Para conservar el pavimento diariamente, si existe poca suciedad, deberán limpiarse solo con agua templada, sin aditivos. No se utilizará agua caliente ni productos de limpieza desengrasantes o abrasivos.

- **Los solventes orgánicos.** Se trata de fracciones procedentes en su mayoría de la destilación del petróleo, aunque también a partir de otras materias primas que se preparan sintéticamente. Dentro de este tipo encontramos el sucedáneo del aceite de trementina, acetona, y diversos alcoholes.

Los disolventes orgánicos son compuestos orgánicos volátiles que se utilizan solos o en combinación con otros agentes para disolver materias primas, productos o materiales residuales, utilizándose para la limpieza, para modificar la viscosidad o como agente tensoactivo. En general, los disolventes orgánicos son de uso corriente en las industrias para desengrasar, limpiar, etcétera.

Dentro del grupo de solventes, destacamos solventes clorados como:

— Percloroetileno. Es un líquido incoloro de olor característico que se usa como solvente en desengrasado de metales, lavado de ropa en seco y en la fabricación de jabones.

— Cloruro metileno. Líquido volátil, incoloro, de olor dulce y agradable. Poco soluble en agua, pero miscible en la mayoría de los disolventes orgánicos. Es prácticamente inflamable y no explosivo en condiciones normales de utilización. Se emplea principalmente como disolvente, tanto en eliminación de pinturas y barnices como en su fabricación. Otras aplicaciones incluyen la fabricación de aerosoles para agroquímica y limpieza doméstica.

- **Mezclas y emulsiones.** Los emulgentes hacen posible que diferentes sustancias se puedan mezclar, emulsiones de aceite en agua o de agua en aceite. Las partículas de aceite se reducen al mínimo de manera que queden en suspensión en el sistema acuoso. Para evitar que las emulsiones reacciones químicamente, es importante no colocar estos productos en locales extremadamente calientes o fríos.

- **Tratamiento de suelos con productos disueltos en agua.** Compuestos de agua con una serie de productos dependiendo del tipo y cantidad de suciedad acumulada. Estos tratamientos son adecuados para suelos duros y sintéticos, superficies tipo linóleo, PVC... No son adecuados para suelos que no admiten agua como la madera, ya que esto acelera su deterioro.

- **Tratamiento de suelos con productos disueltos en solventes.** Este tipo de tratamientos en base a una cera disuelta en un solvente ha permitido catalogar las ceras en pasta y líquidas, esta diferenciación consiste principalmente en que la proporción de solvente en las ceras en pasta es menor, lo que hace que su aplicación exija de un esfuerzo físico mayor.

  Este tipo de tratamientos aplicados en suelos de madera recubre la superficie por una capa impermeable al agua, protegiéndola de la humedad e impidiendo que la suciedad se acumule, facilitando así su limpieza.

  Debemos aclarar que este tipo de tratamiento se ha reducido por razones de incendio, ya que los solventes se inflaman con facilidad, y por razones higiénicas, ya que muchas personas son alérgicas a este tipo de productos.

- **Tratamientos de suelo con productos combinados.** Se refiere a tratamientos utilizados en el método espray, cuya composición es de agua, cera y solvente. Con este tipo de tratamientos además de eliminar suciedad, se incorporan al suelo capas de ceras que también abrillanta.

  En un suelo ya tratado, es conveniente utilizar sistemas que además de eliminar la suciedad, añadan al suelo capas de ceras y a ser posible abrillanten a la vez. Con este fin se han concebido productos que son una mezcla de los productos en base de disolvente y de los productos en base de agua. Se trata, por tanto, de productos combinados cuya composición es solvente, agua y cera. Este sistema actúa como a continuación detallamos.

  (Agua + solvente + cera) = emulsiones para el método espray.

  — El solvente disuelve la grasa y sustancias no solubles al agua.

  — El agua disuelve el resto de sustancias solubles a la misma y se lleva toda la suciedad despegada del suelo.

  — Las ceras permanecen en el suelo, incorporando el tratamiento y abrillantado en la misma operación.

- **Tratamientos para suelos de corcho y madera.** Se debe usar para su tratamiento una cera a base de solvente, ya que este tipo de pavimentos es muy sensible al agua, y el exceso de humedad puede llegar a diluir las colas empleadas en su colocación. Se debe limpiar, cuando sea necesario, con una mopa húmeda y utilizando limpiadores disolventes si se quiere preparar el suelo para una nueva aplicación de cera.

Aplicar un método de lijado adecuado para suelos. Es una condición previa fundamental para la posterior calidad de la superficie. En un suelo de madera que se ha cuidado correctamente no es necesario realizar un lijado completo. Sin embargo, existen tres excepciones:

— Suelos de madera recientemente colocados a los que no se les ha aplicado un acabado final de fábrica.

— Suelos antiguos total o parcialmente desgastados, que han perdido el color, se han descamado o se han recubierto con barnices.

— Marcas profundas en la madera o daños importantes.

- **Tratamientos con producto vitrificante**. Estos productos forman parte del grupo de los polímeros, se trata de productos compuestos por materiales sintéticos y solventes, algunos poseen diversos grupos de aceites para que el producto penetre en el suelo. En principio, los solventes se evaporan, lo que provoca que la materia sintética se endurezca y forme un revestimiento en la superficie del suelo. Este tipo de tratamientos está indicado para aquellos suelos que soporten bien los solventes y el agua. En el caso de que contengan aceites, el tiempo de secado es mayor.

Para todos estos tratamientos es necesario tener en cuenta una serie de recomendaciones muy importantes:

— Eliminar el ácido que hubiera en el suelo antes de realizar cualquier tratamiento, ya que se produciría un granulado de la emulsión. Para evitar esto, hay que tratar el suelo con un producto neutro o ligeramente básico.

— Los suelos sensibles al agua no deben tratarse nunca con productos acuosos, utilizar productos compuestos por una materia sintética y un solvente.

— Después de la eliminación de manchas con ácidos, aclarar el suelo y neutralizarlo con una solución alcalina.

— Los suelos tratados con ácido clorhídrico y agua en proporción 1/10 hay que neutralizarlos con una solución amoniacal en la misma proporción.

— Todos los productos de tratamiento han de ser aplicados en capas finas y dejar secar bastante tiempo el producto antes de aplicar otra capa.

2.4. Riesgos para la salud derivados de la manipulación de productos de limpieza

Es muy importante para la persona que maneja productos de limpieza reconocer mediante el etiquetado los riesgos que entraña el producto. Hasta ahora las etiquetas contaban con los pictogramas clásicos (pictogramas negros sobre fondo naranja) que indicaban la peligrosidad del producto, pudiendo ser explosivos, comburentes, nocivos, corrosivos, peligrosos para el medio ambiente, irritantes, tóxicos o muy tóxicos, fácilmente o extremadamente inflamable, pero, desde junio de 2015, el etiquetado de los productos químicos ha cambiado definitivamente. Para los productos que estén en el mercado desde el 1 de diciembre de 2010 este nuevo formato coexistirá con el anterior hasta el 1 de diciembre de 2012, para las sustancias, y hasta el 1 de junio de 2017 para los preparados, según las disposiciones del Reglamento CLP. Con esta nueva y única simbología se mejora la identificación y el conocimiento de la peligrosidad de la sustancia o mezcla del producto, independientemente del país de producción o de fabricación, a fin de que se puedan conocer sus efectos antes de manejar, usar o almacenar dicho producto. En el siguiente cuadro podemos ver la relación de los pictogramas anteriores con respecto a la nueva simbología.

PICTOGRAMAS NUEVOS

PICTOGRAMAS SUSTITUIDOS

Un pictograma de peligro contiene un símbolo, color y elementos gráficos que sirven para transmitir información específica sobre el peligro de un determinado producto. Los nuevos pictogramas de peligro tienen como objetivo informar y advertir sobre los peligros asociados a las sustancias o mezclas que componen cada producto. A continuación, se muestra la tabla de identificación, clasificación y etiquetado del Sistema Globalmente Armonizado, es una versión simplificada y sirve a modo de ejemplo.

SISTEMA GLOBALMENTE ARMONIZADO DE CLASIFICACIÓN Y ETIQUETADO DE PRODUCTOS QUÍMICOS		
Peligros físicos	**Elemento de la etiqueta NUEVO**	**Significado**
		Este pictograma nos advierte de que el producto es **explosivo**, los productos que lo contengan nos indicarán que en determinadas condiciones pueden explotar por efecto del calor, por el contacto con otros productos, por rozamientos o choques.
		Evitar exponerlos cerca de fuentes de calor. Nunca poner cerca de lámparas, radiadores...
		El fabricante o el proveedor especificará lo que constituye un manejo descuidado. El producto que contenga este pictograma puede ser grave, peligro; o menos grave, atención. Estas palabras de advertencia nos indican la gravedad del peligro.
		La llama indica que el producto es **inflamable**, arden en contacto con fuentes de calor (llama, chispas, superficies calientes etc.), por efecto del calor o la fricción y hasta por debajo de los 0 ºC. También puede indicar que el producto se inflama espontáneamente en contacto con el aire o que, en contacto con el agua, pueden liberarse gases inflamables.
		Las palabras *peligro* o *atención* nos indican el nivel de la gravedad del peligro, que puede ser grave o menos grave.
		• Almacenar en lugar bien aireado.
		• No utilizar cerca de calor.
		• ¡Prohibido fumar! No llevar ropas de nailon y tener cerca un extintor.
		• Separar de comburentes.
		Indica que el producto es **comburente**, puede provocar o agravar un incendio o una explosión en presencia de materiales combustibles, que son aquellos que favorecen la acción de arder o quemar.
		Son productos ricos en oxígeno, y en contacto con otras sustancias, en especial inflamables, producen una reacción que puede provocar, avivar o favorecer un incendio o una explosión, etcétera.
		• Almacenar en lugar aireado.
		• No utilizar cerca de fuentes de calor.
		• ¡Prohibido fumar!No mezclar con inflamables.
		• Tener extintor a mano.
		• No llevar ropas de nailon.
		Las palabras *peligro* o *atención* sirven para alertar a los consumidores cuando usan o manipulan este tipo de productos.
		Los productos con el pictograma **gases a presión**, corresponden a gases comprimidos en un recipiente. Algunos pueden explotar en caso de calentamiento. Se trata de gases comprimidos, licuados, licuado refrigerado o disuelto. Los licuados refrigerados pueden producir quemaduras o heridas relacionadas con el frío. Son las llamadas quemaduras o heridas criogénicas.
		• Deben estar fijos para evitar que se caigan o golpeen.
		• Almacenar los de gases combustibles por lo menos a 7 metros de los oxidantes.
		• Colocar los cilindros vacíos con otros cilindros vacíos.
		• Nunca dejar los cilindros bajo la luz directa del sol o cerca de otras fuentes de calor.
		Atención en este caso indicará el nivel menos grave del peligro potencial de los productos que contengan este pictograma.

SISTEMA GLOBALMENTE ARMONIZADO DE CLASIFICACIÓN Y ETIQUETADO DE PRODUCTOS QUÍMICOS		

Peligros físicos

El pictograma **corrosivo para los metales**, incluido en los peligros físicos, abarca sustancias o mezclas que, por su acción química, pueden dañar o incluso destruir los metales. Muchas de las sustancias de esta clase solo son corrosivas tras haber reaccionado con el agua o con la humedad del aire.

En los productos que contengan este pictograma podrá aparecer la palabra *atención*:

- Conservar el producto en el envase original.
- No colocarlos de tal manera que puedan caerse.
- Protegerse ojos, piel... contra salpicaduras.
- Utilizar guantes y gafas de protección.

Este pictograma de **producto tóxico** nos advierte de los daños que le puede ocasionar a nuestra salud la sustancia o la mezcla que contiene el producto. Este símbolo o composición gráfica se encuentra en algunos productos tóxicos que pueden perjudicar a determinados órganos. Algunos de estos productos pueden ser mortales por su inhalación, ingestión o por estar en contacto con la piel.

En la etiqueta figurará la palabra de *advertencia* según el nivel de peligrosidad de la sustancia o mezcla. Los peligros más graves requieren la palabra *peligro*, mientras que para los menos graves se empleará la palabra *atención*, utilizar guantes.

- Trabajar en lugares aireados.
- Lavarse las manos, no comer ni fumar durante su utilización.

Peligro para la salud humana

Este pictograma de **corrosión cutánea** hace referencia a aquellos productos que pueden causar daños irreversibles en la piel u ojos en caso de contacto o proyección. Se utiliza para indicar que el producto puede provocar quemaduras graves en la piel o lesiones oculares graves.

En los productos que contengan este pictograma podrá aparecer la palabra de advertencia *peligro*, al ser susceptible de provocar daños a la salud.

- Conservar el producto en el envase original.
- No dejarlos con riesgo de caerse.
- Protegerse ojos, piel... contra salpicaduras.
- Utilizar guantes y gafas de protección.

Los productos que contengan este pictograma de **peligro para la salud** pueden ser:

- Productos cancerígenos.
- Productos mutágenos, agente que aumenta la frecuencia de mutación en los tejidos celulares, en los organismos o en ambos.
- Productos tóxicos para la reproducción, que pueden producir efectos nefastos en las funciones sexuales, perjudicar la fertilidad o provocar la muerte del feto o producir malformaciones.
- Productos que pueden modificar el funcionamiento del sistema nervioso o de ciertos órganos como el hígado.
- Productos que pueden entrañar graves efectos sobre los pulmones. Productos que pueden provocar síntomas de alergia, asma o dificultades respiratorias en caso de inhalación.

Este pictograma, con una simbología nueva, nos avisa de que se trata de productos tóxicos o muy tóxicos, ya sea por inhalación, ingestión o por contacto con la piel. Podrá llevar asociado, la palabra de advertencia *peligro* o la de *atención*, en función de la categoría más o menos grave del peligro.

SISTEMA GLOBALMENTE ARMONIZADO DE CLASIFICACIÓN Y ETIQUETADO DE PRODUCTOS QUÍMICOS		
Peligro para la salud humana		El producto que contenga este pictograma con el signo de exclamación puede producir efectos adversos en dosis altas. También puede producir irritación en ojos, garganta, nariz y piel. Provoca alergias cutáneas, somnolencia y vértigo (efectos narcóticos). Indica que el producto es nocivo o perjudicial para nuestra salud en contacto con la piel o por inhalación. Normalmente, los peligros se refieren a irritación cutánea, ocular o de las vías respiratorias. La palabra *atención* en este pictograma está relacionada con la categoría de peligros menos graves.
Peligroso para el medio ambiente		**Peligroso para el medio ambiente,** nos advierte de que el producto puede dañar el medio ambiente acuático y la capa de ozono. El anterior pictograma de peligro para el medio ambiente consideraba que los productos que lo contenían producían efectos tóxicos y riesgos en el medio terrestre. Ahora, este pictograma se diferencia del anterior en que los efectos tóxicos y peligrosos se producen para el medio acuático y el ozono; se clasifican según sus efectos agudos o crónicos, pudiendo provocar efectos nocivos en los organismos acuáticos tras una exposición de corta duración o exposiciones que se determinan en relación con el ciclo de vida del organismo, también puede indicar que la sustancia o mezcla puede ser peligrosa para la estructura o el funcionamiento de la capa de ozono estratosférica. Puede darse el caso de que no se indique ninguna palabra de advertencia para alertar de los potenciales peligros o que se indique la palabra *peligro* ante posibles peligros graves, o la palabra *atención*, cuando el peligro sea menos grave. Este tipo de productos han de eliminarse como residuos peligrosos.

Fuente http://www.insht.es

Los productos no limpian solos, es necesaria una acción mecánica aplicada en la superficie. Además, cabe señalar que la utilización de más producto no significa más limpieza ni más rapidez, al contrario, puede conseguir que el efecto no sea el necesario y debamos aplicar otras técnicas para eliminar el exceso.

No podemos olvidar nunca leer las recomendaciones de las etiquetas de los productos y jamás mezclar varios productos ni remedios caseros que puedan ocasionar daños irreparables. Debemos seguir unas recomendaciones básicas cuando manipulemos productos de limpieza:

• Mantener la cantidad almacenada al mínimo.

• Considerar las características de peligrosidad de los productos y sus incompatibilidades.

• Agrupar los de características similares y separar los incompatibles.

• Todos los productos deben estar etiquetados.

• Llevar un registro de productos almacenados.

• Emplear armarios de seguridad.

2.4.1. Formas de actuación frente a posibles casos de toxicidad

Los trabajadores del sector de la limpieza utilizan diariamente productos químicos, estos están directamente relacionados con el puesto de trabajo que desempeñan, así como la actividad de limpieza que han de realizar en el inmueble.

Teniendo en cuenta que hemos de limpiar tanto los elementos estructurales del inmueble como paredes, suelos, cristales... Además de objetos y elementos decorativos como teléfonos, sillas, ordenadores... Para realizar todas estas tareas, los productos químicos utilizados son múltiples, desengrasantes, desinfectantes, abrillantadores, disolventes, ceras... y es preciso seguir unas normas de actuación para prevenir posibles casos de toxicidad e incidencias en la salud de los trabajadores.

Los contaminantes químicos hacen referencia a aquellas sustancias que pueden incorporarse al medio ambiente y dañar la salud al estar en contacto con las mismas. Estas sustancias presentes en los productos pueden ser absorbidas por el organismo y producir efectos dañinos para la salud inmediatamente o a lo largo de los años.

Es importante tener en cuenta siempre la información suministrada en los envases, consejos de prudencia que han de constar en las etiquetas de los productos.

Para prevenir los posibles riesgos de origen químico, debemos tener en cuenta una serie de recomendaciones:

- Cuando utilizamos un producto químico, y siempre que sea posible, ha de hacerse en lugares ventilados, para evitar la concentración de vapores.

- Si mantenemos en buen estado la limpieza general, esto quiere decir que diariamente hacemos un mantenimiento de las instalaciones, evitaremos tener que hacer limpiezas más profundas, en las que los productos serán necesariamente más fuertes y sus concentraciones mayores.

- El trabajador, además, debe ser responsable del uso que le da al producto y de las cantidades que necesite para limpiar, ya que es muy habitual que algunos accidentes de trabajo relacionados con intoxicaciones sean debido al mal uso que el operario hace de producto, bien por desconocimiento bien por desidia.

- Siempre que el producto lo requiera, no debemos olvidar utilizar los EPI adecuados: gafas, guantes, mascarillas, etcétera.

2.4.2. Repercusiones medioambientales. Buenas prácticas medioambientales

En el área de limpieza se suelen emplear sustancias especialmente tóxicas y que generan residuos peligrosos, por eso es muy importante evitar los impactos ambientales negativos que se pueden generar en el centro de trabajo.

Debemos planificar bien nuestro trabajo y en la medida de nuestras posibilidades sustituir aquellas sustancias tóxicas por otro tipo de actuaciones.

Cuando aplicamos productos o los trasvasamos, debemos utilizar la cantidad mínima recomendada por el fabricante. Es muy común observar en los trabajadores de la limpieza que utilizan un poco más con la falsa idea de que a mayor cantidad de producto, mejor será el resultado; además, los desechos químicos no deben ser vertidos en la red de saneamiento, sino que utilizaremos los lugares establecidos para ello.

Para reducir considerablemente el impacto medioambiental, existen métodos de limpieza que, por ejemplo, reducen la cantidad de agua y químicos necesarios: máquinas de agua a presión, barredoras...

Para proteger el medio es fundamental que tanto las empresas como los trabajadores nos impliquemos activamente en la gestión ambiental en nuestros puestos de trabajo, aplicando y difundiendo las buenas prácticas ambientales. La mejora continua en los procesos y técnicas que favorezcan una armonía con el medio contribuirá a mejorar la imagen de la empresa, su competitividad y creará puestos de trabajo de calidad.

«No es más limpio el que más limpia, sino el que menos ensucia».

Autoevaluación

1. ¿Qué tres aspectos debemos tener en cuenta antes de limpiar?

2. Según su origen, ¿qué tipos de suciedad podemos distinguir?

3. El corcho, ¿dentro de qué tipo de pavimento lo incluiríamos?

4. ¿Qué consideraciones tendremos en cuenta para mantener el mármol en perfecto estado?

5. ¿Qué es un agente tensoactivo?

6. Elige la definición correcta.

   a. Los detergentes son sustancias que tienen la propiedad química de disolver la suciedad o las impurezas de un objeto sin corroerlo.

   b. Los detergentes se unen al agua fuertemente, eliminando así la suciedad más resistente.

   c. Los detergentes son sustancias naturales de fabricación artesanal.

7. ¿Qué tratamientos debemos evitar en la madera?

_____

_____

_____

8. ¿Qué es un producto vitrificante, en qué tipo de pavimentos lo utilizamos?

_____

_____

_____

9. ¿Qué es un pictograma?

_____

_____

_____

10. Elige la afirmación correcta.

a. Los tratamientos de limpieza con productos ácidos se pueden aplicar a todos los tipos de pavimentos.

b. Cada clase de pavimento requiere un producto y técnica de limpieza específica según el tipo de tratamiento que queramos aplicar.

11. Para utilizar métodos de limpieza adecuados debemos reconocer la característica de la suciedad que debemos eliminar. De las siguientes afirmaciones, identifica el tipo de suciedad y determina si es «Pigmentaria», «Proteínica», «Grasa natural», «Grasa mineral», «Colorante mineral» o «Colorante natural».

• Proviene de fluidos y se coagula con la temperatura, para su eliminación se aconsejan detergentes alcalinos, entre otros.

_____

• Pueden ser tanto de origen vegetal como animal. Son suciedades que pueden convertir en jabón un cuerpo graso, se eliminan con producto alcalino y temperatura. _____

• Es aquella que se encuentra en pequeñas partículas sólidas poco solubles, eliminación por fuerza mecánica y productos humectantes.

_____

• Se fijan débilmente a textiles y pavimentos porosos, en su eliminación se aconseja producto químico que actúa por oxidación.

_____

- Aceites obtenidos por la refinación del petróleo, para eliminarla se utilizan disolventes o emulsiones con detergente. _____

- Formada por un conjunto de moléculas de origen sintético o mineral, se fijan más intensamente en textiles y suelos porosos, para su eliminación se recurrirá a productos químicos que ataquen por oxidación.

_____

12. Indica si las siguientes afirmaciones son verdaderas o falsas:

- Cuando aplicamos un producto, debemos utilizar la cantidad mínima recomendada por el fabricante.

- Para reducir el impacto medioambiental, se aconseja el aumento de uso de agua y químicos.

- A mayor cantidad de producto, mejor será el resultado.

13. Encuentra en la siguiente sopa de letras los productos y compuestos utilizados en la limpieza con máquina, las palabras pueden estar ocultas horizontal, vertical o diagonalmente.

- Mezcla, emulsión, solvente, cera, detergente, disolvente, desincrustante, desengrasante, alcalino, agua.

U	F	S	P	O	E	M	H	S	R	D	T	H	W
V	O	Q	O	M	A	T	V	Q	A	E	E	T	X
N	K	N	T	A	T	I	A	Q	A	S	A	C	D
T	M	J	A	G	U	A	Q	L	B	E	Y	I	E
V	M	E	M	U	L	S	I	O	N	N	R	S	E
F	B	L	Z	A	A	S	B	R	I	G	Q	S	P
X	B	S	J	C	P	A	I	V	J	R	Q	P	V
O	B	H	O	W	L	H	T	H	B	A	P	O	S
D	V	S	D	Q	Q	A	K	K	W	S	X	W	W
D	E	S	I	N	C	R	U	S	T	A	N	T	E
I	Z	S	D	E	T	E	R	G	E	N	T	E	H
D	I	S	O	L	V	E	N	T	E	T	Q	M	I
W	L	C	E	R	A	S	O	L	V	E	N	T	E
O	C	U	H	B	A	L	C	A	L	I	N	O	A

14. Identificar los riesgos para la salud derivados de la manipulación de productos es mucho más sencillo si reconocemos los peligros a través de su «Pictograma». Teniendo en cuenta las consideraciones del elemento de la etiqueta, intenta resolver el siguiente crucigrama.

1. El producto que lleva este pictograma arde en contacto con fuentes de calor.
2. En determinadas condiciones puede explotar, por rozamiento o choques.
3. Para la salud.../ son productos que dañan el organismo.
4. El pictograma de peligroso para el medio ambiente lo lleva dibujado en su interior.
5. Corresponde al signo del interior del pictograma. Corresponde a productos irritantes.
6. Sustancias o mezclas que pueden quemar la piel, ojos y dañar o destruir metales.
7. Pueden provocar un incendio en presencia de combustibles.
8. Producen las llamadas quemaduras criogénicas y se encuentran comprimidos en un recipiente.
9. Ocasionan daños a nuestra salud por inhalación, ingestión o contacto con la piel.

3. Procesos de limpieza con maquinaria

Contenido

Objetivos

Identificar y manejar máquinas, accesorios y útiles utilizados en la limpieza y tratamiento de las distintas superficies, en función de las posibles acciones que se deben desarrollar.

Explicar el procedimiento de decapado que se tiene que seguir considerando los restos de productos o suciedad adherida a la superficie que se va a tratar.

Seleccionar y aplicar el procedimiento de abrillantado-cristalizado del suelo atendiendo a los resultados esperados tras la consecución del trabajo.

Describir el procedimiento de encerado señalando los pasos que se deben dar.

Determinar procedimientos de limpieza y protección de superficies y mobiliarios textiles seleccionando máquinas, útiles y productos.

3.1. Organización del trabajo

Un aspecto condicionante en la elaboración de un plan de trabajo con máquina es la **presencia de personas en el área de trabajo.** El perímetro de limpieza se delimitará para evitar riesgos a las personas durante la intervención, colocando elementos visuales de advertencia.

Se seleccionarán las máquinas, accesorios y útiles necesarios para la realización específica de la tarea, así como los productos de limpieza aplicados con la máquina, determinantes para obtener el rendimiento que se espera en cada superficie tratada. El operario de limpieza debe conocer toda aquella información relevante que permita seleccionar el procedimiento de limpieza acorde a la superficie que se va a tratar.

Hay que asumir la importancia del orden y la limpieza para realizar un trabajo eficiente. Los útiles y herramientas de trabajo son indispensables para ello, por lo que hay que dedicar el tiempo necesario para limpiar y ordenar a fondo las zonas donde se almacenan y tener siempre limpias las herramientas de trabajo. Tener todo lo necesario ordenado, en buen estado y señalizado agiliza las tareas y previene el deterioro de los materiales.

Debemos avisar de cualquier deterioro producido en los lugares donde se almacenan los útiles, productos y máquinas; indicar, en definitiva, las anomalías que observemos.

El orden en nuestro puesto de trabajo favorece el ambiente del mismo, ayudando a reducir los defectos y accidentes, y manteniendo el nivel de calidad. Se debe señalizar el lugar asignado para cada elemento, colocar los complementos de las máquinas ordenados por tipos y bien marcados, que no interrumpan el paso y que no sean susceptibles de sufrir daños.

3.1.1. Preparación del entorno y mantenimiento del orden

Debemos hacernos tres preguntas fundamentales a la hora de organizar nuestro trabajo.

1. ¿Qué vamos a limpiar?

Qué tipo de suelo vamos a limpiar. Como ya hemos visto con anterioridad, existen diversos tipos de pavimentos que requieren un trato especial, además hay que reconocer el estado del suelo, tener en cuenta si la zona es exterior, interior, la presencia de mobiliario o personas, la amplitud del espacio, el tiempo del que disponemos para la limpieza...

2. ¿Qué tipo de suciedad tiene?

En qué estado está la suciedad del pavimento, si es necesaria una limpieza más en profundidad, si es suciedad grasa, no grasa, especial... y la cantidad de suciedad acumulada. Hemos de ser capaces de decidir y combinar entre los diferentes tipos de sistemas para la limpieza de cada suelo específico. No siempre realizaremos el mismo trabajo en el mismo suelo y siempre dependerá del grado de limpieza que deseemos conseguir y de las características de este.

3. ¿Qué técnica de limpieza vamos a emplear?

Aquí es donde entra en juego el procedimiento correcto de limpieza que vamos a aplicar. Seleccionaremos los útiles, productos y máquinas adecuados para la técnica que emplearemos. Definiremos el procedimiento (encerado, decapado, abrillantado, fregado) en función de la respuesta a las anteriores cuestiones planteadas.

Esto significa que el operario de limpieza debe adquirir conocimientos técnicos además de habilidades, y un adecuado sentido de la estética. Esto implica que los que participan son conocedores de sus áreas de actividad.

El desarrollo de una acción preventiva en esta materia requiere un plan constituido por un conjunto de acciones:

- Eliminar lo innecesario y clasificar lo útil. Se facilitarán los medios para eliminar lo que no sirva.

- Se establecerán los criterios para priorizar la eliminación y se clasificará en función de su utilidad.

- Se actuará sobre las causas de acumulación.

- Se acondicionarán los medios para guardar y localizar el material fácilmente. Se guardarán adecuadamente las cosas en función de quién, cómo, cuándo y dónde se haya de encontrar aquello que se busca.

- Cada emplazamiento estará concebido en función de su funcionalidad y rapidez de localización.

Se habituará al personal a colocar cada cosa en su lugar y a eliminar lo que no sirve de forma inmediata.

Evitar ensuciar y limpiar después:

- Se eliminará y se controlará todo lo que pueda ensuciar, actuando en el origen.

- Se organizará la limpieza del lugar del trabajo y de los elementos clave con los medios necesarios.

- Se aprovechará la limpieza como medio de control del estado de las cosas.

Favorecer el orden y la limpieza:

- Se procurará que el entorno favorezca comportamientos adecuados.

- Se aprovechará la señalización de los lugares de trabajo para facilitar la información respecto a las actuaciones coherentes con el programa de orden y limpieza.

- Se subsanarán las anomalías con rapidez.

- Se normalizarán procesos y procedimientos documentados de trabajo acordes con el orden y la pulcritud.

- Una tarea no se considerará finalizada mientras no se deje el lugar de trabajo ordenado y limpio.

3.1.2. Interpretación y ejecución de las instrucciones recibidas

Cuando el operario de limpieza ha de realizar una tarea específica, debe hacerlo siempre guiado por unas instrucciones previas del responsable de equipo. Las instrucciones de trabajo normalmente se asignan a través de planificaciones diarias, semanales, mensuales, trimestrales, anuales... dependiendo del grado de suciedad, del tránsito de personas y, en definitiva, del uso que se le da al inmueble.

La redacción de una instrucción debe ser lo más sencilla y clarificadora posible indicando, paso por paso, todos los pasos que hay que seguir para la consecución del objetivo de la misma. Una instrucción bien redactada y estructurada debería facilitar que hasta una persona no entendida en la materia pudiese conocer la actividad tan solo leyéndola.

Las tareas que deban realizarse por personal autorizado, con la formación o experiencia necesarias, se deben hacer constar claramente en la instrucción de trabajo. También deberá constar si para la realización del trabajo se requieren medios y equipos de protección individual. Para facilitar la comprensión se puede recurrir a dibujos, esquemas, diagramas, cuadros, etcétera.

Las tareas llevan una planificación previa del responsable de limpieza del inmueble, es importante seguir esta planificación, ya que de ello dependerá el tener las instalaciones siempre en perfecto estado.

Las órdenes de trabajo recibidas por los operarios pueden tener diferentes formatos, todo depende de factores como el número de personas que se asignan al puesto, las horas efectivas de trabajo que se han de dedicar a la tarea, la amplitud de la zona que se debe tratar... En general, en toda orden de trabajo aparecerá el nombre del operario que realiza la tarea, la fecha de realización de la misma, las especificaciones que se han de tener en cuenta para la realización de la tarea (máquinas, equipos de protección, útiles, productos), un apartado de observaciones para detalles que se han de tener en cuenta, así como lugar para la verificación de las tareas realizadas, tanto por el operario como por el supervisor.

3.2. Técnicas de limpieza con maquinaria. Normas de ejecución y secuenciación en los tratamientos

Existen diferentes tratamientos de limpieza con máquinas dependiendo del tipo de pavimento, de su resistencia, del tipo de suciedad adherida y el espacio de trabajo, entre otros. Podemos proceder a una limpieza en seco, aplicable a todo tipo de pavimentos con aspiradoras de polvo, o a otra para suelos duros y blandos con rotativas pulidoras-aspiradoras. Cuando realizamos este tipo de limpieza hemos de tener en cuenta que eliminaremos las suciedades menos adheridas. También se realizan con cantidades moderadas de agua que eliminan la suciedad más persistente y, dependiendo del producto que se debe utilizar, se efectúan con más profundidad (como, por ejemplo, la eliminación de antiguas capas de cera). A continuación, detallaremos los procesos de limpieza, los tratamientos específicos, su ejecución y la secuenciación de las actividades que se han de llevar a cabo para un resultado efectivo, debiendo siempre verificar que el resultado sea el esperado. Para poder llevar a cabo el tratamiento de limpieza con maquinaria, tendremos en cuenta todo lo mencionado anteriormente y otros aspectos como el tipo de suciedad al que nos enfrentamos, las características de la superficie que se debe tratar, y los medios manuales y mecánicos de los que disponemos, así como el conocimiento del producto que nos va a proporcionar un mejor resultado.

Por último, tendremos en cuenta dónde se desarrollarán las tareas de limpieza para preparar el entorno de trabajo, y la correcta interpretación de las instrucciones recibidas para proceder a la ejecución de la tarea asignada.

3.2.1. Tratamientos específicos de limpieza con maquinaria

Barrido

La técnica de barrido con máquina manual es muy sencilla. La barredora está provista de cepillos laterales que arrastran hacia su interior la suciedad de origen sólido; estos cepillos se pueden regular para ejercer mayor o menor presión sobre el pavimento, además debajo de la máquina se encuentran otros cepillos que son los encargados de introducir la suciedad en el depósito. Se suelen utilizar en exteriores o interiores amplios. Debemos revisar los filtros y cambiar los depósitos varias veces mientras la utilicemos, dependiendo del grado de suciedad del perímetro que se va a barrer.

Fregado con máquina fregadora

Se realiza siempre que se quiera aplicar al suelo un tratamiento de base. Se trata de fregar a fondo mecánicamente el suelo con el fin de aplicar posteriormente un tratamiento específico, aunque también es muy útil para el fregado de zonas amplias en las que al operario de limpieza le llevaría demasiado tiempo si lo tuviera que hacer de forma manual.

Fregado con rotativa

Este tipo de fregado es más habitual en espacios más pequeños, utilizaremos el producto y el disco de fregado aconsejado por el fabricante según el tipo de pavimento y suciedad adherida a él, eliminando prácticamente cualquier tipo de suciedad y restableciendo los daños ocasionados al suelo. Este tipo de técnica de limpieza es muy habitual para la eliminación de suciedad media-alta en pavimentos.

Decapado

Cuando se trata de un fregado a fondo destinado a levantar viejas capas de cera y emulsiones, antes de realizar la técnica de decapado debemos aplicar un tratamiento base al pavimento que eliminará la suciedad adherida a la superficie. Esto se consigue utilizando un detergente alcalino o decapante específico, según la suciedad que se deba eliminar.

Encerado

El encerado proporciona a los pavimentos un aclarado brillante y resistente, bien aplicando ceras protectoras disueltas en agua o autobrillantes que otorguen al suelo un brillo natural.

Las ceras líquidas se venden en recipientes metálicos. Es más difícil encontrar en el comercio cera en pasta en grandes cantidades, pues su aplicación en el suelo exige un esfuerzo físico mayor que la aplicación de una cera líquida. El resultado obtenido mediante el abrillantado del suelo le confiere una apariencia limpia; este abrillantado recubre la superficie de los suelos de madera con una capa impermeable al agua. El objetivo de este tratamiento de protección es precisamente proteger la madera del agua.

Este tipo de tratamientos no es muy utilizado por diversos motivos:

- Por razones de incendio.
  - Las ceras, los solventes y sobre todo su mezcla se inflaman fácilmente.
- Por razones higiénicas.
  - Casi todos los países tienen hoy en día una prescripción de higiene muy estricta y existen reglamentaciones que prohíben el uso de disolventes. Además, algunas personas son alérgicas a estos productos.
- Por razones económicas.
  - Es lógico que se intenten sustituir los solventes, relativamente costosos, por soluciones más baratas.

Abrillantado

Tratamiento específico para determinados suelos que queremos que queden protegidos, brillantes y con sus poros cerrados.

En la cristalización de pavimentos actúa:

- Acción mecánica, con el lijamiento de superficie.
- Acción química, posterior tratamiento de cristalización.

Aspirado

Esta técnica es la más sencilla y la más utilizada en la limpieza con máquinas, ya que permite la aspiración de polvo y otras impurezas de pequeño tamaño, tanto en moquetas como suelos duros, de manera sencilla y a diario sin dañar las superficies.

Inyección-extracción

La máquina inyecta una espuma densa especial sobre las superficies que se van a limpiar, moquetas o tapicerías. La densidad de la espuma se puede ajustar. Este tipo de máquinas compactas incorpora el grupo de lavado, colocado bajo el cuerpo de la máquina. El operador mueve la máquina sobre la superficie de moqueta y procede limpiando bandas paralelas de moqueta.

El sistema de aspiración permite recoger la cantidad máxima de suciedad de la moqueta y tapicería con un tiempo de secado muy corto.

La limpieza con espuma caliente proporciona un resultado aún mejor que la espuma a temperatura ambiente y el tiempo de secado resulta aún más rápido, aunque este tipo de máquinas es mayor y se recomienda para zonas amplias.

Algunas superficies, como, por ejemplo, tapicerías o áreas de alfombra o alfombrillas colocadas en las entradas, se pueden limpiar con espuma en lugar de una solución de agua y detergente.

Limpieza de moquetas con rotativa

Este método de limpieza consiste en introducir un limpiador espumoso en la superficie de la alfombra.

- Cepillada con la máquina rotativa.

- Este método es bueno para las alfombras de pelo corto.

- Se debe esperar a que la espuma se seque para proceder a continuación a su aspirado y peinado.

Limpieza de moquetas con el método de espuma seca

Este método es muy similar al champú con rotativa, la diferencia radica en que el producto químico es batido con una máquina específica para tal fin, para lograr espuma y aplicándola justo antes de los cepillos. Esta técnica permite mejores tiempos de secado, hay que tener muy en cuenta que este método no es una limpieza profunda.

Lavado en seco de moquetas y alfombras

El producto se rocía sobre las alfombras y luego es cepillado con la máquina rotativa, que contiene, para este caso, un paño absorbente. Este método permite tiempos de secado muy cortos. Este tipo de limpieza ha de considerarse como mantenimiento sobre otras de mayor profundidad como, por ejemplo, inyección-extracción.

Método de polvo seco en moquetas y alfombras

El producto se aplica en seco, ya sea en polvo o granulado, y se aplica directamente sobre la superficie que se va a tratar. Mediante un cepillo circular, el producto toma contacto con la suciedad antes de que la alfombra se seque. Una vez terminado el proceso, se debe aspirar con una máquina especial que absorba bien los restos líquidos que puedan quedar.

3.2.1.1. Otros tratamientos para pavimentos

Selladores

Este tipo de técnica está destinada a tapar los poros del suelo y a la nivelación del mismo, no se utiliza máquina para su realización, pero es recomendable saber cómo debe aplicarse.

Protección antimancha con efecto natural

Esta protección, más completa y alternativa a la anterior, es ideal para proteger el pavimento no solo contra el salitre y los agentes atmosféricos, sino también

contra las manchas en general (por ejemplo, cerca de una barbacoa, de un gara-
je, en una terraza, etc.), sin modificar el aspecto natural del barro.

Impermeabilización hidrófuga

En pavimentos exteriores se recomienda aplicar un hidrófugo para evitar la salida de salitre (del barro) y para proteger el barro y las paredes de ladrillo visto
de la humedad y de los agentes atmosféricos.

Evita la formación de musgos, moho y líquenes, sin modificar el color, la textura ni el tono del barro.

Limpieza final de obra

Esta operación se realiza para eliminar:

- Residuos de junta y en general de la colocación.
- Suciedad de la obra y los residuos superficiales del material.

3.2.2. Ejecución de los diferentes tratamientos, secuenciación de actividades

Barrido

Este aparato no es apto para barrer sustancias nocivas ni líquidos. Después de
su utilización, limpiaremos los cepillos y los filtros para evitar la acumulación de
suciedad. Cuando la barredora es de mayor tamaño con accionamiento a motor
y cabina para el operario, debemos tener en cuenta, aparte de las recomendaciones anteriores, otras muy importantes como:

- A intervalos regulares, por lo menos una vez al año, un especialista debe re-
  visar el equipo de gas y comprobar la capacidad de funcionamiento.
- La toma de gas debe realizarse siempre desde una sola botella.
- El almacenamiento de gas licuado/propulsor debe realizarse según las nor-
  mas técnicas sobre gas licuado.
  - El gas licuado es una mezcla de hidrocarburos compuesta principalmen-
    te de propano y butano.
  - El gas licuado en estado gaseoso provoca la congelación de la piel cuan-
    do entra en contacto con esta.

Tratamiento base con fregadora

El procedimiento sería el siguiente:

- Esta operación requiere de dos personas:
  - Una que utilice una fregadora con depósito y producto decapante diluido, plato de arrastre y disco abrasivo preferiblemente marrón.
  - Otra que maneje una aspiradora de agua, equipada con boquilla fija de mano y labio de goma.
- Señalizar la zona de trabajo.
- Lo primero es extender la solución limpiadora alrededor de la zona de trabajo que previamente se ha señalizado, esto facilita la actuación del detergente sobre la suciedad.
- Pasar la máquina sobre la zona tratada de forma lenta y regular al menos tres veces.
- En las zonas donde se hallen/hubiese muebles o cerca de zócalos se llevará la máquina de derecha a izquierda para evitar salpicaduras.
- Simultáneamente iremos aspirando el agua sucia.
- Se aclara la zona con máquina, agua limpia más neutralizante, aspirando nuevamente.

Los bordes, zócalos y rincones se limpiarán manualmente con rascador y estropajo o bien se adaptará a un cepillo de fregar un estropajo.

Si se trata de *quitar la suciedad*, utilizaremos un detergente alcalino y para aclarar se echará vinagre o producto con pH similar para neutralizar los restos de solución alcalina.

Si lo que pretendemos es *eliminar suciedad* como cemento, yeso..., debemos utilizar un detergente ácido. En el aclarado echaremos bicarbonato o producto con pH similar con el fin de neutralizar los restos de solución ácida.

Fregado con rotativa

Seguiremos una serie de recomendaciones:

- Utilizaremos siempre el disco adecuado al tipo de pavimento que vayamos a fregar y a las prestaciones de la máquina.
  - Fregar: discos de nailon, discos de carborundo (duran 4 veces más, color negro).
  - Fregado con mediana agresividad: disco azul.
  - Fregado suave: discos blancos, 10 % pelo natural o discos rojos.
- Siempre debemos señalizar la zona de trabajo.

- Extenderemos la solución limpiadora en un área pequeña para que el detergente vaya actuando sobre la suciedad.

- Se trabaja sobre la zona tratada de forma lenta y regular.

- A medida que vayamos fregando retiraremos el agua sucia bien con fregona o aspirador de líquidos.

- Este tipo de fregado con rotativa es adecuado para aquellas manchas obstinadas que requieren una acción mecánica mayor.

Decapado

Para un tratamiento de decapado debemos tener a mano una serie de útiles:

- Decapante adecuado al pavimento en el que vamos a emplear la técnica.

  — Ácidos para la eliminación de cemento, cal...

  — Alcalinos para la eliminación de grasas y ceras.

  Este tipo de técnicas son recomendables en suelos muy resistentes. Siempre, antes de aplicar cualquier tipo de producto, debemos consultar las recomendaciones del fabricante, eso evitará posibles sustos a la hora de realizar el tratamiento al suelo.

  — *Decapante alcalino*: elimina residuos de cristalizados y prepara el pavimento para su posterior abrillantado. Asimismo, desincrusta y limpia suelos con grasas y suciedad antigua. Se puede aplicar a mano o con rotativa y disco marrón.

- *Decapante ácido*: elimina restos de cal, yeso, cemento y óxidos. Prepara el suelo para su posterior abrillantado. Se puede aplicar a mano o con rotativa y disco marrón.

- *Decapante de ceras*: decapado de suelos tratados con ceras metalizadas. Su mejor utilización es con máquina rotativa y disco abrasivo, dejándolo actuar unos minutos.

- Cubos y mopas de fregado.

- Cepillos con cerdas de rascado.

- Raspadores para el suelo que utilizaremos en aquellos lugares donde sea de difícil acceso para la máquina.

- Aspirador de líquidos.

- Advertencia de peligro.

Pasos que se deben seguir

Lo primero que debemos hacer es preparar el decapante en las proporciones que aconseje el fabricante y el perímetro de trabajo que vayamos a tratar.

- Barreremos el suelo para eliminar los restos de suciedad sólida y despejaremos la zona que se va a tratar de mobiliario.

- Utilizaremos siempre la protección necesaria, guantes, gafas y todo lo indispensable para que la tarea se realice cumpliendo todas las normas de prevención de riesgos laborales.

- Pasaremos rotativa o fregadora sobre la superficie para dar un tratamiento de base y así eliminaremos toda la suciedad superficial del pavimento.

- Retiramos la suciedad con aspirador de líquidos o en su caso con mopa de fregado.

- Aplicaremos el decapante en la cantidad que aconseje el fabricante y dependiendo del grado de suciedad y tipo de pavimento en el que vamos a aplicar esta técnica.

- Dejaremos actuar el decapante unos minutos.

- Pasaremos la rotativa con disco abrasivo para levantar los excesos de ceras. En zonas de difícil acceso tendremos que hacerlo de forma manual.

- Aspiramos o eliminamos de forma manual el exceso de líquidos y suciedad.

- Aclararemos bien la superficie con agua, tantas veces como sea necesario, a fin de eliminar los restos de producto del suelo.

- Procederemos a un fregado de choque que neutralice el producto decapante.

- Dejaremos secar y posteriormente comprobaremos que no queda suciedad frotando la superficie con un paño blanco y seco.

Se utilizará un producto tapaporos, cuando se termine el fregado a fondo. Estos productos, normalmente, están formados por sales de componente ácido, que se aplican con una rotativa. Tienen una reacción que los convierte en una solución selladora, que deja preparado el suelo para un posterior tratado.

Encerado

Los pasos que se deben seguir para realizar esta técnica serían los siguientes:

- Señalizar la zona que se va a tratar.

- Elegir los cepillos de esponja para el tipo de pavimento que hay que tratar, parqué encerado, barnizado, suelos laminados de piedra, corcho, linóleo, etcétera.

- Elegir el producto adecuado para el tipo de pavimento.

- Barrer, aspirar o si es necesario limpiar con un trapo ligeramente humedecido el revestimiento/suelo.

- Administrar el producto de forma uniforme sobre el suelo con una mopa. Dejar secar completamente.

  — No utilizar productos que contenga disolventes.

- Dar varias pasadas sobre la superficie, hasta lograr el brillo deseado.

- No permanecer mucho tiempo en un punto, de lo contrario pueden producirse daños en el revestimiento del suelo.

- Respetar las instrucciones del fabricante sobre el tiempo que debe transcurrir antes de transitar o desplazar muebles.

- Se recomienda efectuar el cuidado de mantenimiento una vez al mes para lograr de nuevo un brillo uniforme.

Aplicación sin disolución

Se aplica directamente sobre una esponja dejando actuar como mínimo 8 horas entre cada capa, estas han de ser lo más finas posibles, ya que cuanto más finas sean, el resultado durará más. La primera capa se apartará un palmo del zócalo; la segunda, medio palmo, y la tercera, lo cubrirá todo. El número de capas viene determinado por el tráfico y el desgaste que tenga que soportar el suelo. Finalmente, abrillantaremos con un paño o con rotativa y disco específico.

Aplicación en disolución

Este tipo de técnica es utilizado con posterioridad a la aplicación sin disolución, normalmente se realizan cada 20 días para ir manteniendo la capa de cera original. Diluiremos el producto (cantidad determinada por perímetro y recomendación del fabricante) en el cubo de agua y fregaremos de forma habitual.

Tratamiento de emulsiones con aplicador

Este tratamiento lo podemos realizar con mopa o con aplicador, el proceso será el siguiente:

- Con mopa. Necesitaremos un carro mopa, palo de aluminio y mopa de algodón. La mopa deberá ser de algodón usado, limpia y con los flecos abiertos.

  — Echamos la emulsión pura en el cubo de la mopa.

  — Empapamos bien la mopa y la escurrimos hasta que no gotee.

  — Delimitamos la zona que se va a tratar y aplicamos la emulsión por igual, procurando que cubra completamente la superficie.

  — Dejaremos secar perfectamente antes de aplicar la siguiente. Hay que tener en cuenta que no se debe utilizar para el secado del suelo ningún medio mecánico como aires acondicionados o ventiladores, ya que el secado no se realizará por igual.

  — Cuando terminemos de realizar la tarea, limpiaremos bien el material utilizado para evitar que este se quede duro e inservible.

- Con aplicador. Para esta técnica necesitamos un palo con pinza incorporada, una piel sintética y un soporte de espuma que haga de mullido.

  — Delimitaremos la zona que se va a tratar y echaremos la emulsión en charcos pequeños, directamente en el suelo.

  — Extenderemos con el aplicador estirando el producto al máximo para conseguir que la capa sea lo más fina posible.

  — Frotaremos la superficie en círculos alargados, para que la capa quede uniforme y bien extendida.

  — Dejaremos secar perfectamente antes de aplicar otra capa, que es conveniente darla cruzada a la anterior para que quede más uniforme.

  — No presionaremos sobre el aplicador para evitar la formación de espuma.

— Al finalizar, lavaremos bien el material para evitar que se quede duro e inservible.

Conservación tras la aplicación de emulsiones

La conservación depende del tipo de emulsión que hayamos aplicado. Cuando apliquemos a una superficie un tratamiento de protección a base de emulsiones, estamos creando un producto protector con origen sintético. Cuando hacemos una aplicación con máquina, estamos creando una reacción química sobre el producto (térmica y física debido al roce del disco abrasivo con la superficie), que culmina en una reacción química, logrando que el producto pase de estado líquido a sólido. Esto se llama *vitrificación* y da un efecto de brillo que es lo que nosotros percibimos. Cuando el producto se seca se produce en él una cristalización sintética que tiene como efecto final un brillo.

— Emulsión semiabrillantable. Se utilizará barrido húmedo, seguido de método espray que haremos diariamente, con esta técnica la emulsión se endurece y va recuperando diariamente el desgaste que se pueda producir en el suelo. Para este procedimiento se tendrá que disponer de un operario que lo realice diariamente con rotativa.

— Emulsión autobrillantes lavables. Se utiliza barrido húmedo y fregado con mopa y disolución de detergente neutro, pudiéndose reponer parcialmente una nueva capa en los lugares más desgastados. Esta operación no puede superar las siete capas, una vez que se hayan superado debemos proceder al decapado de la totalidad del suelo.

Abrillantado-cristalizado

Se realizará sobre el suelo limpio y seco, los pasos que se deben seguir serán:

1. El producto no debe tener ácidos.

   • Vamos a encontrar dos tipos de cristalizadores:

   — Los cristalizadores puros. Crean un cristal puro. Son más difíciles de formar, es decir, a la hora de tratarlos cuesta más trabajo cristalizarlos. Pero cuando se ha obtenido el cristal es el más resistente.

   — Cristalizadores mezclados con ceras, que son más rápidos que los puros, pero tienen menos duración y son más sensibles a los productos químicos. Se suelen utilizar para el tratamiento de mármol.

2. En el suelo limpio y seco, aplicar una fina capa del producto con pulverizador o similar.

3. Frotar con rotativa y lana de acero.

- La lana de acero, comercialmente, es un rollo de material formado por hilos de acero que se utiliza para que el cristalizador se vitrifique. Al ser un metal hace que el roce físico con una superficie sea mayor y que la temperatura sea también más elevada facilitando la reacción química del producto.

  — Para trabajar la lana de acero hay que utilizar unos guantes resistentes y unas tijeras.

  — Se desenrolla solo la parte que vamos a utilizar y lo extendemos a lo largo.

  — Una vez extendida la lana, se parte por la mitad.

  — Una vez cortada, se enrolla en forma de caracol con el mismo diámetro que el plato de arrastre.

  — Existen diferentes tipos de lana de acero dependiendo del suelo que vayamos a tratar. Los grados de la lana de acero se refieren a su grosor y abrasividad y van de 0, el más fino, a 3, para tareas de limpieza pesada.

4. Dejar secar de 30 a 60 min.

Cristalización de piedras calcárea

Esta técnica está indicada para suelos duros como el mármol, terrazo, travertido... Es un tratamiento específico para determinados suelos que queremos que queden protegidos, brillantes y con los poros cerrados.

En la cristalización de pavimentos intervienen una acción, mecánica que realiza el lijado de la superficie, y una acción química, que realiza el tratamiento cristalizador.

Pasos que se deben seguir

- El producto que se va a utilizar no debe contener ácidos.

- El suelo ha de estar limpio y seco, se aplicará una fina capa de producto, normalmente estos contienen fluorosilicato y, en algunos casos, ceras.

- Dividiremos la zona en unos 10 m^2 y pulverizamos el producto puro directamente en la superficie, la cantidad del producto viene determinada por la porosidad del pavimento.

- Se frotará con máquina rotativa y lana de acero de grueso distinto dependiendo del suelo, en el caso del mármol lo más fina posible.

- Al pasar la máquina se produce una reacción termoquímica a nivel del suelo, que endurece la superficie y la hace brillante.

- Bordeando los zócalos llevaremos la máquina de derecha a izquierda para evitar salpicaduras. Si estas se producen, únicamente las podemos quitar en seco y con lana de acero.

- Proteger los revestimientos metálicos y de madera.

- Cuando consigamos el nivel de brillo deseado no se ha de insistir en la zona tratada, especialmente si es mármol blanco.

- No pasar la lana de acero seca sobre el suelo porque puede acabar con el brillo.

- La duración de este tipo de tratamiento viene determinada para la calidad del suelo, el tráfico y el desgaste que pueda soportar.

- La limpieza de mantenimiento es sencilla, barrido húmedo y fregado con solución de agua y detergente neutro.

- Se pueden realizar cristalizaciones parciales en las zonas que así lo requieran sin necesidad de decapado previo.

Aspirado

Tanto de polvo como líquidos, debemos tener en cuenta una serie de recomendaciones:

Preparación de la aspiradora para el proceso de limpieza:

- Elegir la boquilla adecuada.

- Montar los diferentes accesorios y conectar a la red.

- Pasar por la superficie con movimientos hacia delante y atrás.

En el *aspirado de agua* es aconsejable en los procesos de aclarado de otras técnicas de limpieza.

Para su aplicación solamente necesitamos la utilización del brazo con los labios de goma en el caso de succión de agua más el dispositivo de flotación interno e intercambio de boquilla y saco de aspiración en el caso de polvo.

Se utiliza mediante desplazamiento sobre el suelo, la máquina está provista de ruedas, lo que facilita su trabajo.

Limpieza de moqueta con rotativa

Es un método utilizado mayoritariamente para alfombras y moquetas de pelo corto. Necesitaremos:

- Rotativa con disco específico para suelos textiles.

- Limpiador espumoso que será específico dependiendo del tipo de fibra de la moqueta.

- Distribuiremos el producto en la superficie que se va a tratar.

- Cepillaremos con la máquina rotativa hasta conseguir que el producto se impregne bien entre el pelo de la moqueta.

- Dejaremos que la espuma se seque y procederemos a su aspirado para eliminar restos y suciedad que se ha separado del tejido.

Inyección-extracción

Consideraciones que se deben tener en cuenta:

- Pasar por la zona que se va a limpiar en tramos que se solapen.

- Trabajar siempre desde la luz a la sombra.

- Pulverizar primero las zonas que estén muy sucias y dejar actuar la solución de detergente de 5 a 10 minutos.

- Si el depósito de agua sucia está lleno, desconectar la máquina.

- El agua caliente aumenta el efecto de limpieza. Comprobar la resistencia a la temperatura de la superficie que se debe limpiar.

- Al limpiar moquetas que hayan sido tratadas con champú previamente, se crea espuma en el depósito de agua sucia. La formación de espuma se puede evitar agregando producto desespumante.

- En el caso de tejidos delicados, se debe utilizar una dosis más baja de detergente.

- Las alfombras de pelo alto se deben cepillar en la dirección del pelo en estado húmedo.

- Las moquetas con yute pueden encoger al trabajar en húmedo y decolorar.

Lavado en seco de moquetas y alfombras

Sobre la moqueta rociaremos el producto específico para este tipo de técnica, siempre teniendo en cuenta el tipo de tejido del que está hecha la moqueta o alfombra.

- A continuación, cepillaremos con máquina rotativa que contendrá un disco especial para esta técnica y un paño absorbente.

- Este tipo de limpieza permite tiempos de secado más cortos, que son necesarios en zonas donde el tránsito de personas es continuo.

- No es una limpieza en profundidad como otras utilizadas para este tipo de suelos, sino de mantenimiento, que aporta más durabilidad antes de aplicar otra técnica de limpieza más agresiva.

Limpieza a vapor

Es una técnica bastante extendida en el sector de la limpieza profesional de los últimos años debido al aumento de enfermedades por contacto, caso del COVID-19, y la necesidad de tener espacios que cuenten con una limpieza y desinfección eficiente y efectiva. Limpieza cuidadosa de las superficies sin productos químicos. Se han adaptado equipos con peso más ligero y con una potente combinación de vapor y agua caliente, que arrastran de manera sencilla la suciedad desprendida y aumenta la eficacia de limpieza en caso de suciedad muy resistente.

Al limpiar superficies pintadas o recubiertas de plástico, como muebles de cocina, puertas, parqué o linóleo, puede desprenderse cera, recubrimiento de plástico o pintura, o pueden aparecer manchas. Para limpiar este tipo de superficies, aplicar vapor ligeramente sobre un paño y fregarlas.

Si vamos a tratar tejidos con el equipo, comprobaremos si son aptos en una zona no visible, para a continuación aplicar primero vapor, dejar secar y comprobar si cambia el color o la forma.

Si vamos a limpiar cristales, precalentar la ventana en las estaciones con temperaturas especialmente bajas. Para ello, aplicar vapor ligeramente en toda la superficie de cristal a una distancia de unos 50 cm. Así evitaremos las tensiones en la superficie y que se rompa.

Aplicación de selladores

El suelo debe estar totalmente limpio y seco.

- Aplicaremos una capa no muy fina del producto sellador (seguir las recomendaciones del fabricante) con brocha o rodillo, según el tipo de suelo.

- Dejaremos secar de 45 minutos a 1 hora.

- Aplicaremos un máximo de 3 capas en 24 horas.

Recuperación de antiguos pavimentos de barro cocido

En el caso de que se desee eliminar viejos tratamientos de un barro:

- Utilizar un decapante muy concentrado (también se puede utilizar puro) y dejarlo actuar durante unos 15-20 minutos.

- Frotar bien con un estropajo o con una máquina rotativa provista de disco verde, recogiendo los residuos con una bayeta o aspirador de líquidos y aclarar muy bien al finalizar.

- El pavimento después de esta operación quedará preparado para la aplicación del tratamiento, adecuando la cantidad de producto en función de la nueva absorción del barro recuperado.

Aplicación de protección antimancha

Con suelo completamente limpio y seco, aplicar con una brocha grande, una mopa u otro aplicador similar, dos manos del impermeabilizante antimancha (una sola mano en el caso de que se haya tratado antes el barro con el hidrófugo).

Impermeabilización hidrófuga

Con el pavimento completamente seco, aplicaremos con una brocha o lo pulverizaremos, impregnando bien las juntas. El rendimiento del producto que se va a aplicar es de 10 a 20 litros por cada 100 m².

Limpieza final de obra

Detergente con reacción ácida que no despide humos tóxicos y respeta las juntas.

- En el caso de que el pavimento esté muy sucio, desincrustante ácido concentrado.

- Barrer bien el pavimento y mojarlo con agua.

- Distribuir el producto diluido en agua según el grado de suciedad y recomendaciones del fabricante.

- Dejar actuar durante unos minutos.

- Utilizar un cepillo o máquina rotativa provista con disco verde.

- Recoger los residuos con una bayeta o un aspirador de líquidos.

- Aclarar muy bien al finalizar.

3.2.3. Verificación de los tratamientos ejecutados

Antes de utilizar cualquier equipo con sus dispositivos de trabajo, se debe comprobar que esté en perfecto estado y que garantice la seguridad durante el servicio.

El responsable de limpieza verificará el cumplimiento de lo establecido en estos procedimientos, a través de los formatos de control de limpieza. En el caso de que el responsable de limpieza, en su labor de verificación, detectase incidencias en la realización del servicio, deberá informar y, dentro de sus competencias, realizar las acciones correctivas y preventivas.

El control del estado de limpieza se llevará a cabo de forma periódica. El conocimiento del estado de limpieza y de su evolución, conjuntamente con los resultados de los controles de la prestación del servicio, tienen que servir para diseñar y establecer mejoras con el fin de adaptarse a los nuevos requerimientos o implementar su calidad. Ante las propuestas de mejora de servicio, se adaptarán las programaciones del servicio a las nuevas necesidades.

Dentro del control de calidad de la prestación del servicio, se llevarán a cabo dos tipos de controles diferentes:

1. Control de la prestación de los servicios. Con el fin de controlar los parámetros de ejecución y la calidad de ejecución del servicio.

2. Controles dirigidos y operativos especiales. Con el fin de controlar la ejecución de ciertos aspectos contractuales del servicio.

En el *barrido*, cuando la escoba mecánica no se usa durante un periodo prolongado, hay que tener en cuenta los siguientes puntos:

- Colocar la escoba mecánica sobre una superficie llana.

- Asegurar la escoba mecánica contra movimientos accidentales.

- No aspirar ni barrer objetos incandescentes, con o sin llama.

- La máquina debe ser conducida únicamente sobre las superficies especificadas por la empresa.

- Mantener lejos del aparato los materiales fácilmente inflamables.

- Para obtener un óptimo resultado de limpieza, hay que adaptar la velocidad a las particularidades del suelo.

- Durante el funcionamiento, el depósito de basura debe vaciarse a intervalos regulares.

- Al limpiar superficies, bajar solo el cepillo rotativo.

- Al limpiar bordes, bajar también las escobas laterales.

- Antes de realizar las tareas de limpieza y mantenimiento, desconectar el aparato y sacar la llave de encendido.

- Tener en cuenta siempre las recomendaciones del fabricante.

Cuando utilizamos *aspiradores* debemos verificar que una vez usados y para su correcto mantenimiento:

- Diariamente, se limpiarán bien las boquillas y recogerán los cables sin retorcimientos.

- Desmontar piezas y guardarlas en su caja o funda.

- La goma de protección y las ruedas se limpian periódicamente.

- Comprobar diariamente el estado del saco o filtro para evitar la acumulación de polvo.

3.3. Selección, utilización y conservación de útiles, herramientas y accesorios

Seleccionar el útil o la herramienta necesaria para completar un proceso de limpieza con maquinaria es esencial para que el resultado se ajuste al objetivo final del proceso. Estos útiles, herramientas y accesorios se pueden distinguir en:

- Elementos de limpieza en seco: paños, gamuzas, escobas, recogedores, mopas, cepillos...

- Elementos de limpieza húmeda: mopa húmeda.

- Elementos de limpieza en mojado: esponjas, estropajos, fregonas, cepillos, bayetas...

- Además de otra serie de accesorios complementarios: cuchillas, carros...

3.3.1. Identificación, selección, uso y conservación de herramientas y accesorios

Elmentos de limpieza en seco

- **Paños y gamuzas de algodón.** Se recomienda su utilización para el pulido de pavimentos y superficies enceradas.

  Los paños de algodón y franela son muy recomendados para eliminar el polvo y secar metales.

  Si lo que queremos es secar espacios acristalados, utilizaremos paños de algodón e hilo, ya que este tipo de composición no deja pelusas.

  — Para su correcto mantenimiento han de lavarse con frecuencia, no se puede limpiar bien si se utilizan utensilios sucios.

- **Escobas y recogedores.** Son imprescindibles para la retirada de objetos grandes, como papeles, colillas, etc., que se recogerán y se depositarán en las bolsas de basura correspondientes.

  Existen diferentes tipos de composición de escobas según el uso al que vayan dirigidas, por ejemplo, para patios, jardines y terrazas son recomendables las de abedul o palma.

  En el caso de que necesitemos que estas sean resistentes a la humedad y el pavimento sea duro y áspero, utilizaremos de plástico o goma.

  — Para mantener las escobas en perfecto estado debemos limpiarlas cada vez que se usen. Los escobones sintéticos se pueden lavar con agua.

  — Guardarlos de forma que no descanse el cepillo en el suelo porque se deforman las fibras.

  Los recogedores están asociados al barrido en seco, ya que son el elemento complementario para la retirada de los residuos. Pueden ser de plástico o metálicos. Siempre procuraremos que los bordes no se tuerzan y, después de su uso, aclararlos y secarlos con una bayeta.

- **Cepillos y escobillas.** Utilizadas principalmente para la limpieza de rincones, ángulos, con mangos telescópicos para techos, cepillos higiénicos para la limpieza de WC.

  Cepillos de menor tamaño para tapicerías y otros de tamaño superior y cerdas duras para la limpieza de suelos de piedra y patios exteriores.

  Para todos estos tipos de cepillos y escobillas, el mantenimiento consistirá en limpiarlos una vez que se usen.

  Procurar que los de mayor tamaño no se apoyen en el suelo para que las fibras no se deformen.

  Siempre eliminar restos, aclarar y dejar secar.

- **Mopa para la limpieza de suelo seco.** Fabricadas en fibra de algodón. Deben tenerse unas consideraciones a la hora de su utilización:

  — Utilizar materiales limpios, se suelen aplicar productos para favorecer que se adhiera el polvo con más facilidad.

  — Solapar cada pasada, no debemos dejar espacios entre un tramo y otro a la hora de pasar la mopa.

  — En espacios amplios, trabajar en línea recta y hacia delante.

  — En zonas más pequeñas, trabajar en forma de ochos y hacia nosotros.

— No pasar nunca la mopa sobre líquidos ni frotar manchas, además no se debe levantar hasta finalizar el tramo.

— Recoger los restos con escoba y recogedor.

— Sacudir la mopa después de su uso, eliminando todos los restos adheridos a ella, y si es necesario se aparará.

Elementos de limpieza húmeda

Se realiza en presencia de cantidades moderadas de agua y otro producto, la limpieza húmeda sustituye en muchos casos al fregado tradicional.

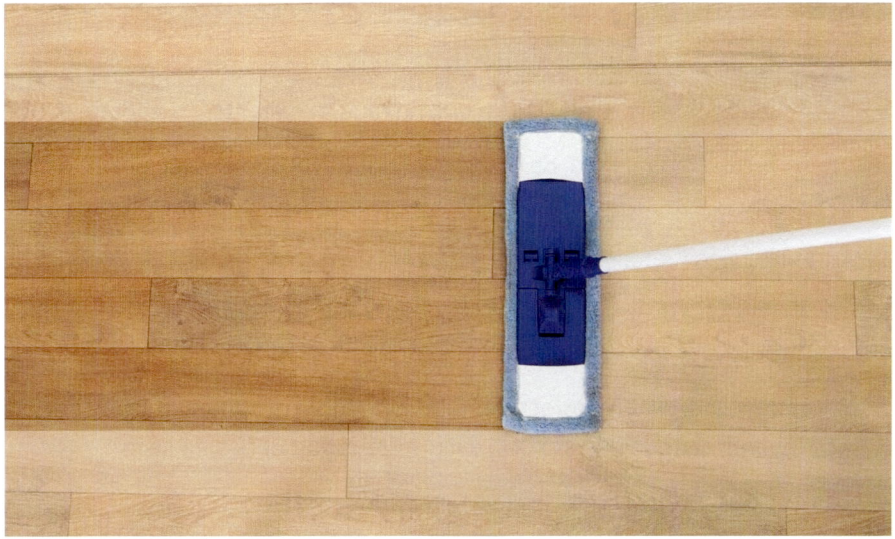

- **Mopas especiales para el barrido húmedo.** Se fabrican en fibras sintéticas, y para usarlas es necesario un cubo donde se tiene la solución limpiadora. Se realizará la limpieza sobre superficies lisas aunque también es muy recomendable para parqué, aplicación de ceras y tratamientos para pavimentos.

En el mercado podemos encontrar una amplia oferta, especiales para aplicaciones de ceras o con estropajo incorporado para la eliminación de suciedades en las juntas de las baldosas.

Además, en la actualidad se están empezando a usar de forma habitual las mopas de microfibra.

La microfibra compuesta por un 80 % de poliéster y 20 % poliamina, es muy útil en nuestro ámbito, ya que la suciedad se adhiere a ella con mucha facilidad, señalar que además de su uso en húmedo también se utilizan en seco. Son muchísimo más cómodas de utilizar, ya que eliminamos el aclarado y escurrido del fregado tradicional.

El mantenimiento de este tipo de material es sencillo, basta con lavarlas bien y escurrirlas después de su uso (aunque debemos tener en cuenta que el uso de productos químicos acorta su vida útil). Puede soportar temperaturas de lavado de hasta 95 ºC.

Elementos de limpieza en mojado

- **Esponjas, estropajos y bayetas.** Estos tipos de útiles son adecuados tanto para mojar superficies, extender el detergente disuelto en agua o simplemente eliminar excesos de líquidos. Debemos tener mucho cuidado con la esponja o estropajo que se utiliza dependiendo del tipo de pavimento, ya que hay superficies delicadas que no admiten ciertos materiales.

  — Estropajos y esponjas de materiales sintéticos:

    · Tejido de nailon muy suave que no raya, resistente y duradero.

    · Tejido compactado, de gran poder abrasivo, para materiales resistentes.

  — Estropajos metálicos:

    · Con lana de acero o níquel, para la limpieza de pavimentos de madera encerada y para aplicar a pavimentos de piedra.

  Para mantenerlos en perfecto estado el mayor tiempo posible, se han de aclarar bien después de usarlos, escurrirlos y guardarlos en seco.

  Los estropajos metálicos hay que separarlos del resto.

- **Fregonas.** Se utilizan asociadas al cubo que contiene el agua para el fregado y el escurridor. Podemos encontrarlas de algodón o fibras sintéticas. De diferentes tamaños según la superficie que se va a tratar. Es muy importante para su mantenimiento que estén limpias, sin residuos y escurridas.

- **Cubos.** Los cubos, asociados a las fregonas, han de ser de plástico rígido y resistente. Su tamaño dependerá del tamaño de la fregona, al igual que el escurridor. Cada vez que se utilicen hay que aclararlos bien y secar su interior.

Accesorios complementarios

- **Cuchillas y rascadores.** Son muy útiles para la eliminación de pinturas, restos de ceras en ranuras y rincones, etc. Se aconseja que sean de acero, ya que son mucho más resistentes.

  Tendremos especial cuidado en guardarlos con la cuchilla cerrada y siempre eliminar los restos.

- **Haraganes.** Se utilizan principalmente para arrastrar los excesos de líquidos, aunque con un paño especial para suelos se suelen realizar limpiezas de mantenimiento. El ancho del haragán viene determinado por la amplitud de la zona que se va a tratar, mínimo de 45 cm. Mantenerlos secos, limpios y con las gomas de arrastre en perfecto estado.

- **Carros de trabajo.** El carro está concebido para facilitar el trabajo del operario, ya que permite ahorrar tiempo y esfuerzos innecesarios. Sirve para trasladar el material necesario. El orden del carro es indispensable para la realización efectiva de las tareas asignadas. La capacidad del carro viene determinada por el volumen de trabajo. Nunca dejaremos los carros solos en pasillos y zonas de tránsito.

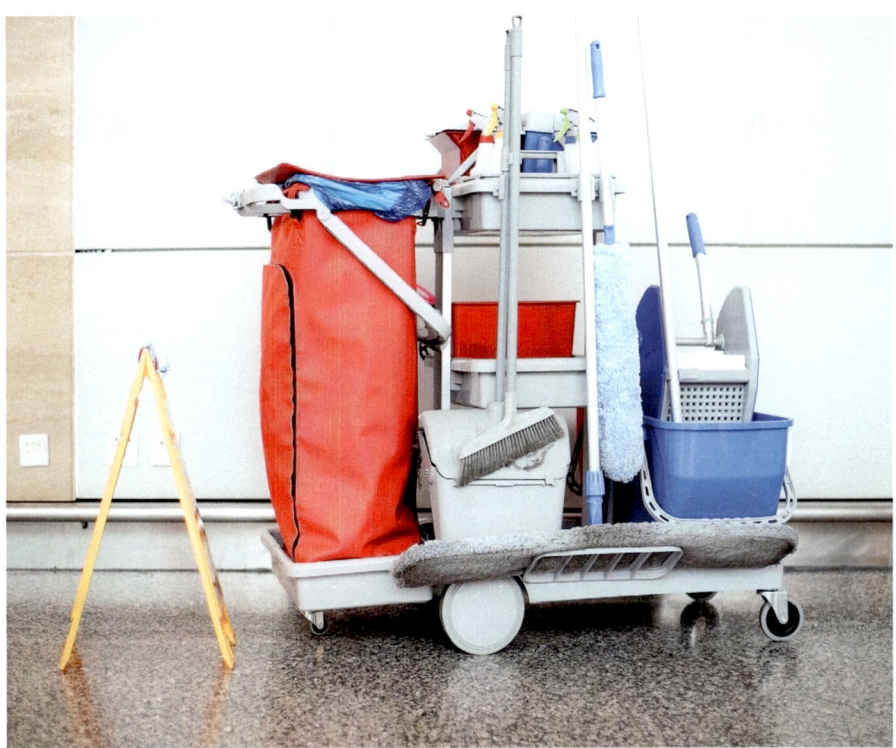

Autoevaluación

1. ¿Qué debemos tener en cuenta principalmente a la hora de organizar el trabajo?

   _____

   _____

   _____

2. ¿Para qué sirven los tratamientos de base?

   _____

   _____

   _____

3. ¿Qué materiales necesitamos para realizar la técnica de decapado en un pavimento?

   _____

   _____

   _____

4. ¿Cuál de estas afirmaciones es la correcta?

   a. El aspirado es una técnica compleja que requiere un alto grado de capacitación.

   b. Esta técnica es la más sencilla y la más utilizada en la limpieza con máquinas.

5. Cita al menos tres técnicas de limpieza para suelos textiles.

   _____

   _____

   _____

6. ¿Para qué se aplican los selladores?

   _____

   _____

   _____

7. ¿Qué tipo de productos podemos encontrar para decapar un pavimento dependiendo de la suciedad que en él se encuentre?

_____

_____

_____

8. ¿Para qué tipo de técnica se utiliza la lana de acero?

_____

_____

_____

9. ¿Qué debemos tener en cuenta en el mantenimiento de los aspiradores?

_____

_____

_____

10. ¿Para qué se utiliza la técnica de decapado?

_____

_____

_____

11. Tener todo lo necesario ordenado, en buen estado y señalizado agiliza las
tareas. Debemos avisar de cualquier deterioro producido en los lugares
donde se almacenan los útiles. Observa la imagen e indica las anomalías
que encuentres.

12. Nos piden que realicemos un fregado suave con rotativa y antes de comenzar el proceso de limpieza debemos tener a mano todo lo necesario para una ejecución óptima. Identifica en esta sopa de letras elementos que son indispensables para la realización de esta tarea.

D	S	F	R	E	G	O	N	A	P	L	M	N	X
T	V	X	G	V	D	P	V	M	U	S	D	Y	E
U	I	P	E	M	E	D	H	O	X	E	E	N	F
E	E	S	O	L	U	C	I	O	N	Ñ	T	I	P
C	H	A	R	A	G	A	N	B	R	A	E	Y	D
A	U	X	B	K	C	M	D	A	O	L	R	O	N
U	S	B	L	C	J	M	Q	Z	T	I	G	N	Z
O	X	P	O	P	X	M	E	V	A	Z	E	K	W
Y	A	S	I	U	O	K	S	E	T	A	N	Y	C
N	D	G	E	R	H	W	L	O	I	C	T	F	H
U	D	D	U	C	A	Q	J	G	V	I	E	H	J
L	K	A	O	A	H	D	C	A	A	O	J	Y	S
V	Q	N	G	Y	X	Q	O	Q	R	N	H	K	Q
O	V	Q	D	I	S	C	O	R	O	J	O	O	Y

13. Identifica en el siguiente crucigrama útiles, herramientas y accesorios para la realización de procesos de limpieza.

1. Las más utilizadas son las de algodón para suelos secos.
2. Compuesta por un 80 % de poliéster y un 20 % de poliamina.
3. Hay que aclararlo bien después de usarlo, escurrirlos y guardarlos en seco.
4. Son útiles adecuados para mojar superficies, extender producto o solo secar.
5. Muy útiles para la eliminación de restos de pintura.
6. Se utiliza junto con el cubo que contiene el agua y el escurridor.
7. Se colocará siempre para advertir de nuestra presencia.
8. Los de algodón se utilizan para el pulido de superficies enceradas.
9. Utilizado principalmente para arrastrar los excesos de líquidos.
10. Se utilizan entre otras cosas para la limpieza de rincones, ángulos y WC.

14. **Existen diferentes tratamientos de limpieza con máquinas dependiendo del tipo de pavimento, suciedad y espacio de trabajo entre otros. Identifica cuál de estas afirmaciones es la correcta.**

   a.   Para un tratamiento de decapado en un pavimento con exceso de ceras utilizaremos un producto alcalino.

   b.   Para un tratamiento de decapado en un pavimento con cemento utilizaremos un producto alcalino.

4. Prevención de riesgos laborales en el uso de máquinas. Medidas relacionadas con la seguridad y salud de los trabajadores

Contenido

Objetivos

Reconocer los riesgos que ocasiona la utilización de maquinaria.

Argumentar los beneficios de la eliminación de los residuos de los productos tóxicos atendiendo a la normativa de protección medioambiental.

Describir las consecuencias del consumo equilibrado de agua y energía teniendo en cuenta un uso responsable.

Identificar los riesgos inherentes a las actividades propias de limpieza.

Identificación del uso de los equipos de protección individual.

La limpieza, si se realiza de forma correcta, reduce los riesgos para la seguridad y la salud de los trabajadores en sus lugares de trabajo, así como también los costes para la empresa. Sin embargo, los trabajadores del sector de la limpieza pueden sufrir daños como consecuencia de los factores de riesgo que suelen confluir en esta actividad.

- La propia organización del trabajo.

- La utilización de sustancias químicas.

- Los riesgos posturales.

- La utilización de maquinaria.

- La variedad de sectores productivos donde se desarrolla la actividad.

- La realización del trabajo en horarios poco habituales, ya que en muchas ocasiones no se pueden realizar determinadas tareas en presencia de personas.

- La escasa valoración social.

- El tipo de contrato.

- La escasa formación.

- La falta de equipos apropiados.

- La falta de sensibilización sobre los riesgos asociados a esta actividad...

Todo ello puede provocar accidentes o enfermedades profesionales. Los daños a la salud más comunes relacionados con este tipo de trabajo son: las lesiones a causa de resbalones, tropiezos y caídas; los trastornos musculoesqueléticos; el estrés, la ansiedad y los trastornos del sueño relacionados con el trabajo; las enfermedades de la piel, como la dermatitis de contacto y el eczema; los trastornos respiratorios, como el asma; y las enfermedades cardiovasculares. Vamos a ver en este capítulo una serie de medidas preventivas, con el fin de planificar métodos operativos con comportamientos seguros para lograr un buen nivel de seguridad y salud para los trabajadores de este sector.

4.1. Riesgos inherentes a las actividades propias de limpieza

Los riesgos propios del personal de limpieza son dispares, ya que la diversidad de las tareas y actividades que desarrollan ocupan varios perfiles profesionales. Además de las características del sector, con diversidad de centros en los que se desarrollan las tareas de limpieza como oficinas, industrias, centros sanitarios, aeropuertos, hoteles..., unidas a la capacitación del personal y a las características del espacio, hace que debamos tener especial atención a una mayor incidencia en enfermedades profesionales para este sector, debido a la exposición a diversos agentes químicos y a actividades que requieren esfuerzos físicos.

El Real Decreto 486/1997, de 14 de abril —que se ha visto modificado por el Real Decreto Ley 4/2023, de 11 de mayo, en el que se adoptan medidas urgentes en prevencion de riesgos laborales en episodios de altas temperaturas, entre otros asuntos—, establece las disposiciones mínimas de seguridad y salud en los lugares de trabajo. El artículo 5 y el Anexo II hacen referencia al orden, limpieza y mantenimiento, estableciendo que las operaciones de limpieza no deberían constituir por sí mismas una fuente de riesgo para los trabajadores o para terceras personas, siempre y cuando se realicen en los momentos, de la forma y con los medios más adecuados. Además, este real decreto a lo largo de los años ha sufrido variaciones debido a la evolución técnica, por ejemplo, el Real Decreto 374/2001, de 6 de abril, sobre la protección de la salud y seguridad de los trabajadores contra los riesgos relacionados con los agentes químicos durante el trabajo. Para más información sobre prevención de riesgos laborales, es aconsejable consultar en el Instituto de Seguridad e Higiene en el trabajo (http://www.insht.es) donde encontraremos normativas y actualizaciones relacionadas con la seguridad y salud laboral.

Principios generales en prevención de riesgos

1. Evitar los riesgos.

2. Evaluar los inevitables.

3. Combatirlos en su origen.

4 Adaptarlos a las personas.

5. Tener en cuenta la evolución técnica.

6. Sustituir lo peligroso.

7. Planificar la prevención.

8. Adoptar medidas que antepongan la seguridad colectiva a la individual.

9. Formar a los trabajadores.

Los trabajadores de limpieza están expuestos a muchos riesgos:

Lesiones más habituales

- Heridas.
- Golpes por la manipulación de carros, aspiradoras, rotativas u otros objetos.

- Fracturas.

- Caída de una máquina u objeto sobre pies o brazos.

- Pinchazos y cortes.

- Durante la manipulación de bolsas de basura y objetos puntiagudos.

- Lesiones musculoesqueléticas.

- Problemas de espalda y extremidades, y dolores.

  — Causas

    · Físicas. Esfuerzos importantes y sobrecarga física.

    · Psicosociales. Estrés.

    · Relacionada con la persona. Sexo, edad, estilo de vida.

    · Relacionadas con la organización del trabajo. Ritmo de trabajo elevado, falta de formación.

A continuación, expondremos los riesgos a los que estamos expuestos y las medidas preventivas que se deben adoptar para evitarlos.

Manipulación de cargas y posturas en el trabajo

En la manipulación manual de cargas interviene el esfuerzo humano tanto de forma directa (levantamiento, colocación) como indirecta (empuje, tracción, desplazamiento). Esto puede provocar molestias y lesiones debido a:

- Manipulación de cubos y bolsas de basura.

- Transporte de maquinaria: aspiradores, rotativas, fregadoras...

- Utensilios de trabajo.

- Desplazamiento de muebles y objetos.

Además, muchas veces adoptamos posturas forzadas e incómodas para brazos y espalda dependiendo del espacio disponible.

A menudo realizamos cambios repentinos de posturas poniéndonos de cuclillas y de rodillas.

Debemos analizar la carga que se va a manipular, evitando el manejo manual de pesos superiores a 25 kg. Planificaremos su desplazamiento descartando posibles esfuerzos innecesarios causados, por ejemplo, por la presencia de algunos obstáculos en el recorrido.

Debemos tener en cuenta una serie de *medidas preventivas:*

- Mantener la espalda bien recta, doblar las rodillas y hacer trabajar las piernas.

- Separar ligeramente los pies.

- Sujetar la carga firmemente con las dos manos.

- Sostener la carga con los brazos tendidos hacia abajo, los más cerca posible del cuerpo.

- Evitar girar el cuerpo durante el levantamiento, transporte y colocación de la carga, utilizar los pies para desplazarnos.

- Cuando trasladamos la carga, esta no puede interferir en el campo visual.

Riesgos eléctricos

Los accidentes por descargas eléctricas no son muy comunes en el sector de la limpieza, pero sus consecuencias son muy graves.

Comprobar la adecuación de los equipos o instalaciones eléctricas a las condiciones en que se utilizan:

- Condiciones de los locales: locales mojados, locales con superficies conductoras.

- Condiciones de la actividad: posible presencia de atmósferas combustibles o explosivas, ambientes agresivos (contaminación, temperaturas extremas, corrosión, etcétera).

- Condiciones ambientales: instalaciones en interior o a la intemperie, altitud, sobretensiones y otras perturbaciones en la alimentación, etcétera.

Este tipo de accidentes ocurre al tocar cables de conexión de equipos o alargaderas en los que el aislamiento se encuentra deteriorado, o el mal estado de los aislamientos, que puede deberse a una o varias de las siguientes causas:

- Tirar del cable para desconectar los equipos.

- Hacer pasar máquinas por encima de cables y alargaderas.

- Sobrecargar alargaderas o bases de enchufe, utilizándolas para conectar equipos con mayor potencia que la que pueden soportar.

Debemos tener en cuenta una serie de *medidas preventivas*:

- No tocar nunca un interruptor, una toma de corriente o un aparato eléctrico con las manos mojadas.

- No manipular las instalaciones eléctricas ni realizar *arreglos* provisionales.

- Antes de limpiar cualquier aparato eléctrico, asegurarse de que está desenchufado.

- Cuando sea necesario, utilizar alargaderas o bases de enchufe múltiples, verificar primero que sean capaces de soportar la potencia de los equipos conectados a ellas.

- Vigilar para no pasar con las máquinas de limpieza por encima de cables. Pasar el cable por encima del hombro al utilizar las máquinas y siempre en la dirección contraria de donde está enchufado.

- Al desenchufar un equipo de trabajo, no tirar del cable, tirar del enchufe.

Caídas al mismo o distinto nivel

Las caídas son una de las principales causas de accidentes laborales. Generalmente se producen por falta de iluminación, transporte de cargas pesadas o por la presencia de obstáculos que dificultan la movilidad en la zona de trabajo. También son muy comunes los resbalones por suelos deslizantes, mojados, encerados... Cualquier objeto presente en el suelo o derramado en él puede provocar una caída, por lo que hay que eliminarlo rápidamente.

En el caso de las escaleras es importante actuar con precaución cuando las subamos o bajemos, y no deben dejarse obstáculos que impidan el paso. En lo referente a las escaleras de mano, se comprobará antes de su utilización que están en perfecto estado (peldaños sin deformaciones, zapatas antideslizantes sin desgastar, plataforma de apoyo segura, etcétera).

Las escaleras se colocarán de manera que durante su utilización los puntos de apoyo y sujeción estén sólidamente asentados sobre un soporte estable, de forma que los travesaños se encuentren horizontalmente. En las escaleras de tijera, revisaremos su seguro de apertura. El ascenso y descenso en escaleras de mano se hará siempre de frente a estas, está prohibido manipular o transportar objetos desde una escalera, cuando esta suponga un peligro para la seguridad del trabajador.

Las causas más habituales que provocan accidentes cuando se utilizan escaleras manuales son:

- Deslizamiento de la escalera por apoyo precario, suelo en pendiente, viento...
- Pérdida de equilibrio por resbalones o gestos bruscos al manejar cargas pesadas o herramientas.
- Rotura de elementos de la escalera (cadena de seguridad, peldaños).

Medidas preventivas

1. Caídas al mismo nivel
   - Limpiar y secar suelos rápidamente.
   - Llevar calzado adecuado.
   - Usar señales para advertir del peligro.
   - Despejar pasillos y zonas de paso.
   - No dejar los cables en lugares de tránsito.
   - Estar atento a las irregularidades del suelo.

2. Caídas a distinto nivel
   - No improvisar escaleras. Nunca se utilizarán objetos inestables como sillas, cajas o bidones para efectuar trabajos en altura subiéndose sobre ellos.
   - Asegurarse de que la escalera está en buen estado.
   - Asegurarse de que el estado del suelo es óptimo.
   - No hacer equilibrios en la escalera.
   - Evitar subir y bajar escaleras apresuradamente y varios peldaños a la vez.
   - Asegurarse de que, en caso de que la escalera esté alfombrada, esté bien fijada.
   - En cualquier caso, en días de fuerte viento o condiciones meteorológicas adversas (lluvia intensa, nieve), no se debe efectuar ningún trabajo en altura en el exterior.

- La escalera nunca deberá ser utilizada, a la vez, por más de una persona.

- No se debe subir por encima del tercer peldaño contando desde arriba.

Golpes, cortes y atrapamientos

Golpes por objetos o herramientas durante la retirada de residuos y el uso de equipos de trabajo como fregadoras, barredoras, aspiradoras... por objetos inmóviles durante la limpieza de la oficina, con objetos del mobiliario tales como mesas, sillas, estanterías, etcétera.

Los golpes son una causa muy frecuente de accidentes laborales, en muchas ocasiones son producidos por falta de orden. Hay que asumir la importancia del orden y la limpieza para realizar un trabajo eficiente y dedicar el tiempo necesario para ordenar y limpiar las herramientas y los puestos de trabajo.

Para evitar atrapamientos, tendremos especial cuidado en no vestir ropa holgada, ni llevar durante el trabajo anillos, pulseras, cadenas, etc. Siempre debemos dejar las superficies despejadas.

Cuando limpiemos la maquinaria, esta debe estar parada y desconectada de la corriente, es muy importante que la máquina siempre esté delante de nosotros y durante la limpieza sujetarla bien.

- Antes de utilizar una herramienta, observar si tiene algún desperfecto. En caso de que sea así, avisar a un supervisor. En superficies con aristas afiladas o partes punzantes se deben utilizar guantes de protección.

- En caso de tener que recoger material cortante, como, por ejemplo, cristales rotos, utilizar la escoba y el recogedor y no con las manos; si son objetos grandes, utilizar guantes adecuados que eviten el riesgo de cortes.

- Es recomendable disponer de recipientes rígidos para depositar los restos de cristales rotos, así como cualquier objeto punzante o cortante.

Medidas preventivas

Trasladar las bolsas de residuos cerradas para evitar cortes o pinchazos, no deben apretarse ni deben acercarse al cuerpo ni a las piernas.

- No meter nunca las manos en las papeleras, sino volcar su contenido en bolsas de basuras más grandes.

- Utilizar siempre los EPI facilitados por la empresa para las tareas indicadas.

- Prestar atención para no golpearse la cabeza o partes del cuerpo en zonas estrechas con obstáculos, como máquinas, conductos, cajones de mesa, armarios, estanterías...

- Utilizar las herramientas de trabajo para lo que han sido diseñadas y utilizar métodos de trabajo seguros.

- Si la máquina se encuentra en una pendiente, extremar la precaución y reducir velocidad.

Riesgos derivados de la utilización de productos químicos

Durante los trabajos de limpieza, se utilizan productos químicos como detergentes y desinfectantes, disolventes, ceras... que pueden causar afecciones dermatológicas, intoxicaciones por inhalación de vapores, etc. Por eso, es de suma importancia tener en cuenta una serie de recomendaciones para su uso:

Contacto con productos químicos

Deberá disponerse de las fichas de datos de seguridad de todos los productos de limpieza que se utilicen.

- Antes de utilizar un producto de limpieza leer su etiqueta y ficha de datos de seguridad, contiene toda la información que se necesita para su uso en condiciones de seguridad y salud.

- Se deben utilizar los equipos de protección indicados en los mismos.

- Todos los envases de productos de limpieza deberán estar etiquetados.

- No utilizar los envases vacíos para otros propósitos.

- Guardar siempre los productos de limpieza en los envases originales, y cuando no sea posible, los nuevos envases se etiquetarán convenientemente indicando el nombre del producto y las recomendaciones de seguridad que se deben adoptar.

- No mezclar los productos de limpieza. Únicamente se podrán mezclar aquellos indicados por el fabricante y en la misma proporción dada por este.

- Mantener los envases cerrados. En caso de derrame, limpiar de inmediato.

- Mantener alejados los productos de limpieza de los alimentos y bebidas.

- Cuando se abra un envase con producto químico, nunca se debe orientar la boca del mismo hacia las personas.

- La apertura de los envases se realizará con las manos, nunca con la boca.

- Utilizar los equipos de protección individual que hayan sido indicados para evitar el contacto de los productos químicos con los ojos, manos y vías respiratorias.

- Los productos químicos deberán almacenarse separados según su compatibilidad, en zonas ventiladas y secas.

- La eliminación de los productos se realizará según las indicaciones dadas por el fabricante en la ficha de seguridad del producto.
- Recordar que la peligrosidad de cada sustancia está simbolizada en la etiqueta del producto.

Inhalación o ingestión de productos químicos
- Los productos se utilizarán según las indicaciones dada por el fabricante en las etiquetas y en las fichas de datos de seguridad.
- No se mezclarán los productos, salvo que esté indicado por el fabricante y en la misma proporción señalada por este.
- Los envases de los productos deberán estar cerrados cuando no se utilicen.
- Todos los envases deben estar etiquetados e identificados.
- Se sustituirán las etiquetas deterioradas.
- No se deberá abrir el envase con la boca.
- No se inhalará el producto químico.
- No se debe comer o fumar mientras se estén manipulando los productos de limpieza.
- Después de utilizar un producto de limpieza se deben lavar las manos.
- Se utilizarán los equipos de protección que sean necesarios en función del producto de limpieza.
- Se debe ventilar las zonas donde se utilicen productos de limpieza.

Salpicaduras
- Cuando se abra un envase con producto químico, nunca debe orientarse la boca del mismo hacia personas.

Agentes biológicos
- Utilizar guantes.
- Antes de comenzar a trabajar, retirar anillos y pulseras o cualquier objeto que pudiera deteriorar el guante.
- Lavarse las manos antes de comenzar a trabajar, después de utilizar los guantes y al finalizar el trabajo.

Condiciones ambientales
- Organizar el trabajo diario de forma que alterne tareas que requiera mayor esfuerzo con otras más ligeras.

- Utilizar ropa adecuada a la climatología.

- Beber líquidos, agua o zumos.

- Evitar las corrientes de aire.

4.1.1. Riesgos relacionados con el centro de trabajo donde se desarrollen la actividad de limpieza

Las instrucciones de trabajo desarrollan secuencialmente los pasos que se deben seguir para la correcta realización de un trabajo o tarea. Por tanto, deben servir de guía al trabajador en el desarrollo de actividades que pueden ser críticas. El primer paso para la iniciación en la elaboración de instrucciones es establecer un listado de aquellas actividades, tareas o aspectos que las requieran.

Como criterios generales en la elaboración de instrucciones se tendrán en cuenta los siguientes:

- No será preciso detallar una determinada tarea si la realiza siempre personal con suficiente y demostrada formación y experiencia, como para que les resulte trivial y sea impensable cometer errores relevantes durante la ejecución.

- Si la tarea es compleja o crítica y puede repercutir significativamente en la calidad y seguridad del trabajo, debería protocolizarse.

- No se debería caer en un abuso de la normalización si no hay una repercusión directa en la calidad del trabajo.

- Se procurará que la normalización de las tareas no conlleve una limitación considerable de la aportación personal y de la creatividad del trabajador. Es preciso normalizar estrictamente lo necesario.

4.2. Riesgos específicos en el trabajo con máquinas. Condiciones mínimas de seguridad ante la presencia de personas en el entorno

Hay una serie de medidas preventivas generales que debemos tener en cuenta:

- Señalizar las zonas de trabajo, por ejemplo, los suelos húmedos o recién encerados.

- Intentar que los cables de los equipos de limpieza eléctricos no atraviesen las zonas de trabajo o de paso. Si no es posible, prestar la máxima atención.

- La herramienta deberá mantenerse en buen estado de uso y limpia. Antes de iniciar la tarea es recomendable que se comprueben los niveles de gasolina y de aceite del motor, el filtro de aire, etcétera.

- El operario encargado de su manipulación, deberá tener a su disposición el manual de instrucciones de seguridad proporcionado por el fabricante junto a la herramienta.

- La barredora-aspiradora, rotativa u otras se utilizarán tan solo para estos fines, no deberán forzarse en otros trabajos para los que no están diseñadas.

- Antes de poner en marcha la máquina, realizar un pequeño chequeo de seguridad:

  — Cables: buen estado.

  — Plato de abrillantado: verificar que el plato tenga el tamaño adecuado para la máquina.

  — Discos abrasivos y lana de acero: asegurarse de que los *pads* o la lana de acero sean los convenientes para la tarea de limpieza que se vaya a realizar y que estén limpios y en buenas condiciones.

  — Cepillos: si la tarea de limpieza requiere cepillos conviene asegurarse de que estén limpios, en buenas condiciones y que coincidan con los requisitos de la máquina.

- Utilizar únicamente los accesorios especificados por el fabricante.

- No guardar la máquina con su plato, porta *pads* o cepillo.

- Parar la máquina y desenchufarla si se daña el cable eléctrico.

- No forzar la máquina: desenchufar y moverla hasta el enchufe más cercano.

- No tirar del cable para desenchufar la máquina.

- No pasar nunca la máquina sobre cables eléctricos.

- Utilizar ambas extremidades para manejar la máquina.

- Pasar el cable por encima del hombro, para evitar pasar la rotativa sobre él.

Utilización de máquinas específicas de limpieza

Máquina fregadora y barredora de conductor a bordo

Riesgos:

- Caídas al mismo nivel por resbalones, calzado inadecuado, tropiezos...

- Caídas a distinto nivel al subir y bajar de la barredora, aspiradora cuando el diseño de esta es de conductor sentado.

- Atrapamientos.

- Golpes con la máquina.

- Lesiones producidas por golpes y choques contra objetos inmóviles.

- Golpes y choques contra objetos móviles.

- Atropellos por otros vehículos.

- Incendio y explosión derivados de averías y defectos en la máquina.

- Posturas inadecuadas.

- Sobreesfuerzos por el peso de la máquina.

- Riesgos derivados por:
  — Falta de protecciones y resguardos.
  — Mantenimiento de la máquina inadecuado.
  — Mal uso de la máquina.

Rotativa abrillantadora

Riesgos:

- Choques y golpes con obstáculos.

- Golpes con la máquina.

- Contactos eléctricos.

- Riesgo musculoesquelético.

- Riesgo de exposición a contaminantes químicos.

Máquina de agua a presión

Riesgos:

- Contactos eléctricos.

- Caídas de personas al mismo nivel.

- Golpes con la herramienta.

- Proyección de partículas.

- Explosión.

4.2.1. Identificación y uso de los equipos de protección individual

EPI (equipo de protección individual)

Los equipos de protección individual están destinados a proteger a los trabajadores de uno o varios riesgos que puedan amenazar su seguridad y su salud, así como cualquier complemento o accesorio destinado a este fin.

Los EPI y la ropa de trabajo deberán satisfacer al menos los siguientes requisitos:

- Deben dar una protección adecuada a los riesgos para los que van a proteger, sin constituir, por sí mismos, un riesgo adicional.

- Deben ser razonablemente cómodos, ajustarse y no interferir indebidamente con el movimiento del usuario, en definitiva, tener en cuenta las exigencias ergonómicas y de salud del trabajador.

Las empresas se tienen que hacer responsables de dar al trabajador los equipos necesarios adaptados a las tareas que realizan los trabajadores. Por otra parte, también los trabajadores tienen la responsabilidad de velar por su salud y la de sus compañeros utilizando estos equipos y respetando sus normas de utilización.

Guantes
- Son necesarios cuando existen riesgos químicos o térmicos (productos líquidos calientes).

Ropa de trabajo
- No siempre se trata de una ropa de trabajo ordinaria o de un simple uniforme, además está destinada a proteger contra salpicaduras y manchas.

Calzado de seguridad
- Los zapatos, botas o medias botas de seguridad son necesarios cuando hay que proteger los pies o las piernas, riesgos de caídas de objetos, choques, resbalones.

Gafas

- La utilización de gafas es necesaria siempre que se vaya a efectuar un trabajo que entrañe un riesgo de proyección de productos químicos en los ojos.

Mascarilla

- Es necesaria cuando haya que protegerse de sustancias peligrosas eventualmente contenidas en el aire que se respira.

4.3. Buenas prácticas medioambientales

Las empresas, con sus procesos productivos y actividades de prestación de servicios, consumen gran cantidad de recursos naturales y generan muchos residuos, siendo así responsables en gran medida de la degradación ambiental. Las empresas pueden adherirse voluntariamente a SGMA normalizados para certificar que su política ambiental se desarrolla en objetivos y programas de acción y es supervisada y mejorada mediante evaluación continua.

Las buenas prácticas ambientales son medidas sencillas y útiles que podemos adoptar tanto los trabajadores y trabajadoras como las empresas de cara a reducir el impacto ambiental negativo de sus actividades.

A continuación, señalamos algunas de las medidas que podemos adoptar en nuestro puesto de trabajo para obtener un consumo responsable de los recursos.

Medidas de ahorro de agua

Cerrar los grifos cuando no los necesitemos para no malgastar agua.

- Controlar contadores, tuberías y calderas para detectar posibles escapes o consumos excesivos.

- Avisar al servicio de mantenimiento si hay alguna avería, para evitar fugas.

- No usar el inodoro como si fuera una papelera.

- Utilizar el agua caliente solo cuando sea necesario para evitar el gasto de energía.

Un grifo que pierde 1 gota por segundo provoca un despilfarro de 30 litros de agua al día, y una cisterna rota puede gastar 150 litros.

Consumo racional de energía

Iluminar solo las áreas que se estén utilizando y regular los niveles de luz según nuestras necesidades.

- Apagar las luces cuando sean innecesarias, incluso en breves periodos de tiempo.
- Organizar nuestro puesto de trabajo para poder aprovechar al máximo la luz natural.
- Abrir contraventanas, cortinas y persianas, y mantener limpias las ventanas para permitir la entrada de luz natural.

Reducción de las necesidades de materia

- Sustituir las toallas y pañuelos de papel desechable por toallas y pañuelos de tela.
- Evitar el despilfarro en los envíos publicitarios.
- Revisar las suscripciones y cambiarlas, si es posible, a formato electrónico.
- Aplicar las nuevas tecnologías de la información y la comunicación (internet, *e-mail,* móvil, etc.) para ahorrar papel, energía y evitar desplazamientos y residuos.
- Trabajar en soporte informático para guardar documentos y revisar errores o mejoras antes de imprimir.
- Usar papel reciclado.
- Comprar papel con el sello FSC que certifica una gestión forestal ambientalmente responsable.

Almacenamiento adecuado para evitar pérdida de recursos

- Limitar el acceso del personal al almacén.
- Solicitar formación sobre la manipulación de las sustancias almacenadas, especialmente de las peligrosas, y respetar las recomendaciones para su correcto almacenaje.

- Solicitar fichas de seguridad y listados en lugares visibles de los productos almacenados.

- Guardar las cantidades estrictamente necesarias para evitar riesgos o la producción innecesaria de residuos.

- Proteger los almacenes de las inclemencias del tiempo y mantener las condiciones ambientales adecuadas (temperatura, humedad, etc.) para que los materiales no se deterioren.

- Almacenar cada producto en su lugar correspondiente y etiquetarlo de forma que se garantice su correcta identificación.

- Comprobar el buen estado de recipientes y contenedores, si cerramos herméticamente los recipientes de almacenamiento evitaremos derrames y evaporación de sustancias, y mantendremos los materiales protegidos.

Gestión de los residuos generados

Los residuos son desechos que contaminan y, al fin y al cabo, recursos mal aprovechados: «El mejor residuo es el que no se produce». Por eso, en primer lugar, debemos hacer los mayores esfuerzos en su reducción y reutilización.

Recogida selectiva de basura

- *Contenedor amarillo (envases):* destinado al depósito de todo tipo de envases ligeros como los envases de plásticos (botellas, tarrinas, bolsas, bandejas, etc.) y de latas (bebidas, conservas, etcétera).

- *Contenedor azul (papel y cartón):* en este contenedor se deben depositar los envases de cartón (cajas, bandejas, etc.), así como los periódicos, revistas, papeles de envolver, propaganda, etc. Es aconsejable plegar las cajas de manera que ocupen el mínimo espacio dentro del contenedor.

- *Contenedor verde claro (vidrio):* destinado a los envases de vidrio.

- *Contenedor marrón:* en él se deposita fundamentalmente materia orgánica.

- *Contenedor gris:* para residuos no reciclables o desechos sanitarios, como pañuelos usados, mascarillas, guantes de látex, cepillos dentales, papel de baño...

- *Contenedor rojo:* para desechos peligrosos, restos hospitalarios, productos químicos tóxicos...

- *Contenedor verde oscuro:* su función es la recogida del resto de residuos que no tienen cabida en los grupos anteriores.

Autoevaluación

. Cuando tengamos que coger una carga para trasladarla, ¿qué recomendaciones tendremos en cuenta para evitar lesiones en la espalda?

_____

_____

_____

2. Cuál de estas afirmaciones es correcta.
    a. En una escalera de mano podremos subir tantos peldaños como sea necesario para llegar al lugar deseado.
    b. No se debe subir por encima del tercer peldaño contando desde arriba.

3. Selecciona la afirmación correcta.
    a. Cuando limpiemos la maquinaria, esta debe estar parada y desconectada de la corriente.
    b. Es aconsejable que las máquinas permanezcan en marcha para cambiarles los componentes.

4. En el uso de maquinaria de limpieza. ¿Qué medidas de prevención son comunes para todas?

_____

_____

_____

5. Cuando manipulamos productos de limpieza, debemos tener en cuenta una serie de recomendaciones relacionadas con el envasado. Cítalas.

_____

_____

_____

6. Cita las medidas preventivas que debemos adoptar en el uso de máquinas a presión.

_____

_____

_____

7. Enumera las medidas que podemos adoptar para un consumo responsable de agua.

_____

_____

_____

8. Para un correcto mantenimiento de rotativas, tendremos en cuenta las siguientes recomendaciones.

_____

_____

_____

9. En la recogida selectiva de basura, cada contenedor tiene un color según el tipo de residuo. Cítalos.

_____

_____

_____

10. Selecciona la afirmación correcta.

    a. Las Buenas Prácticas Ambientales son medidas sencillas y útiles que podemos adoptar tanto los trabajadores y trabajadoras como las empresas de cara a reducir el impacto ambiental negativo de sus actividades.

    b. Las Buenas Prácticas Ambientales son medidas que exclusivamente deben adoptar las empresas de cara a reducir el impacto ambiental de sus actividades.

11. En la manipulación de cargas debemos de tener en cuenta una serie de medidas preventivas. Selecciona de las dos imágenes la que adopta una mejor postura al manipular la carga.

1 _

2 _

12. Encuentra en la sopa de letras los riesgos que debemos evitar para prevenir lesiones.

O	N	P	L	R	U	B	D	S	L	I	Q	E	Q
S	G	Q	E	P	T	Y	E	A	M	N	U	L	Z
E	S	V	V	Y	L	A	S	P	Y	T	I	E	O
T	E	A	A	H	G	T	P	Y	P	O	M	C	A
A	Ñ	R	N	Z	X	R	L	R	E	X	I	T	L
U	A	W	T	L	Z	A	A	E	W	I	C	R	G
O	L	G	A	B	T	P	Z	S	X	C	O	I	O
F	I	V	M	F	D	A	A	B	C	A	S	C	L
M	Z	C	I	A	I	M	M	A	O	C	W	O	P
N	A	A	E	T	X	I	I	L	R	I	E	S	E
K	C	I	N	I	O	E	E	O	T	O	V	F	S
E	I	D	T	G	L	N	N	N	E	N	I	C	H
G	O	A	O	A	N	T	T	E	S	B	I	P	U
Y	N	S	S	V	C	O	O	S	I	A	P	C	M

13. Para el almacenamiento adecuado, con el fin de evitar perdidas de recursos, debemos de tener en cuenta una serie de recomendaciones, selecciona la correcta.

a. Almacenar la mayor cantidad para tener suministros suficientes y evitar riesgos.

b. Almacenar cada producto en su lugar correspondiente y etiquetarlo de forma que garantice su identificación.

14. Para que los residuos se puedan tratar, se depositan en contenedores donde su color determina su contenido. Descubre la palabra oculta que define este tipo de gestión de los residuos identificando los colores de los contenedores.

1. Desechos peligrosos como restos hospitalarios o productos químicos.

2. Vidrio.

5. Residuos no reciclables como mascarillas o guantes de látex.

6. Envases de plástico.

8. Materia orgánica.

9. Residuos que no tienen cabida en los otros contenedores.

11. Papel y cartón.

GESTIÓN DE RESIDUOS

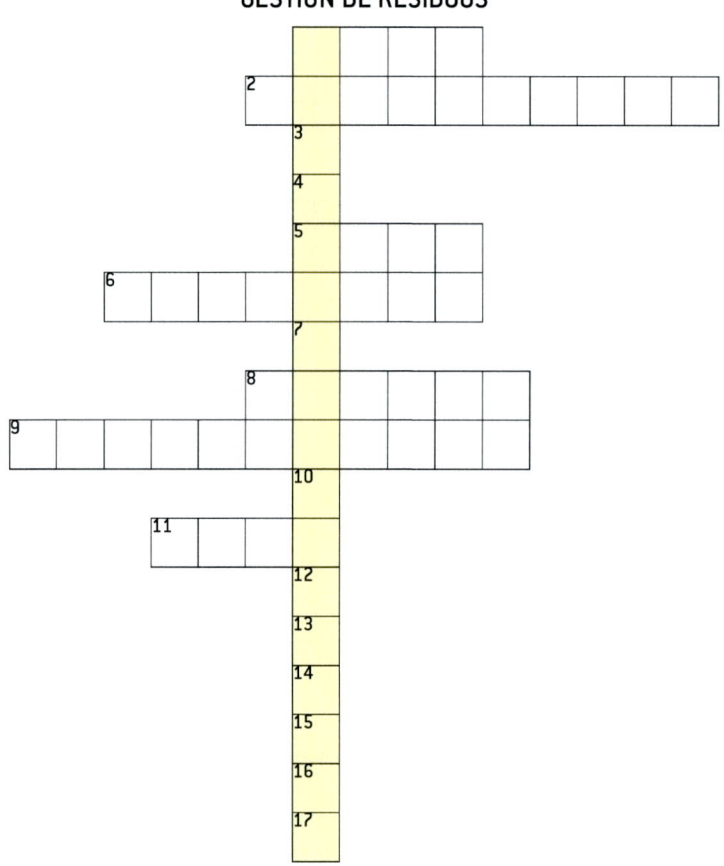